ज्ञान गरिमा के
68 वर्ष

भारतीय
ज्ञानपीठ

णाणं
पयासयं

वीर नि.सं. 2470

ई.सन् 1944

भारतीय ज्ञानपीठ

कहते हैं तब शहंशाह सो रहे थे

(कविता-संग्रह)

कहते है तब शहंशाह सो रहे थे

उमा शंकर चौधरी

भारतीय ज्ञानपीठ

लोकोदय ग्रन्थमाला : ग्रन्थांक 984

ग्रन्थमाला सम्पादक

रवीन्द्र कालिया

सह-सम्पादक

गुलाबचन्द्र जैन

ISBN 978-81-263-1694-6

प्रकाशक :
भारतीय ज्ञानपीठ
18, इन्स्टीट्यूशनल एरिया, लोदी रोड
नयी दिल्ली-110003

मुद्रक : विकास कम्प्यूटर ऐंड प्रिंटर्स, दिल्ली-110032

आवरण-चित्र : वाज़दा ख़ान
आवरण-सज्जा : ज्ञानपीठ कला प्रभाग

दूसरा संस्करण : 2011
मूल्य : 120 रुपये

Kahte Hain Tab Shahanshaah So Rahe The
(Poetry)
by Uma Shankar Choudhary

Published by
Bharatiya Jnanpith
18, Institutional Area, Lodi Road
New Delhi-110 003
e-mail : jnanpith@satyam.net.in, sales@jnanpith.net
website : www.jnanpith.net

Second Edition : 2011
Price : Rs. 120

बड़े भाई हेमन्त के लिए

ज्योति के लिए भी

अनुक्रम

अन्ततः उसकी आवारगी ही काम आयी

अन्ततः, हम में से
प्यार सफल सिर्फ़ उसका हुआ
जो सबसे अधिक आवारा था।
जो जानता था, ज़िन्दगी को
सिगरेट के धुएँ के छल्ले बनाना
जो पहनता था हाथ में कड़े और गले में रुद्राक्ष
जिसने कभी नहीं सुना था
निर्मल वर्मा और मिलान कुन्देरा का नाम
और जिसने पढ़ रखा था 'वर्दी वाला गुंडा' को
बड़े ही चाव से
गोविन्द निहलानी की फ़िल्मों के पोस्टर की ओर वह
टेढ़ी निगाहों से देखता था और उसे कहता था सर दर्द
डेविड धवन की प्रायः हर फ़िल्म को
सात बार तो देख ही लेता था।

हर लड़की को वह सिर्फ़
खेलने और खाने की वस्तु समझता था
उनके लिए वह 'माल' शब्द का प्रयोग करता था
उन्हें देख सीटी बजाता था
पास से गुज़रने वाली लड़की के लिए वह
एक लम्बी साँस अन्दर की ओर लेता था,
ऐसे जैसे वह उसे एकबारगी
पी जाना चाहता हो।

लेकिन एक दिन उन लड़कियों में से ही
एक उसे अपने दिल का राजकुमार
बना बैठी
और ख़ुद बन बैठी, उसके आवारा दिल की मल्लिका।
उसकी प्रेमिका, जो तब प्रेमिका बनने की प्रक्रिया में थी,
धीरे-धीरे जब उसके नज़दीक आ रही थी, तब
उसकी हालात पर सबसे पहली प्रतिक्रिया
मेरी प्रेमिका ने दी थी,
कि उसे नहीं पता है कि वह क्या करने जा रही है?
जानबूझकर अपना हाथ वह आग में डाल रही है
यह और कुछ नहीं ख़ुदकशी के समान ही है।
उस लड़की की निगाहों में
अपने प्रेमी के लिए तीक्ष्ण आकर्षण को पढ़कर
मेरी प्रेमिका अकसर कहती
यह उसकी आँखों पर पड़ी मदमस्त जवानी की परत है
जिसके कारण वह पीतल को सोना समझ बैठी है
कुछ दिन साथ रहकर उसे ख़ुद-ब-ख़ुद
पता चल जाएगा, और तब वह
बैठकर ज़िन्दगी पर आँसू बहाएगी।

मेरी प्रेमिका को जहाँ खुले में
हाथ पकड़ने देना भी नागवार गुज़रता था वहीं
वे हमें पार्क में प्राय: किस करते
मिल जाते थे।
ऐसे बैठे हुए तो हमने उन्हें कभी देखा ही नहीं
जब लड़के ने उसके हाथ को
अपने कड़े पहने हुए हाथ में न रख रखा हो।
उसकी इस रस-दशा को देखकर मेरी प्रेमिका
उस लड़की के लिए सहानुभूति से भर उठती और
अपने मन में सोचती कि
वह लड़की जो उसके किस करने से

इतना आह्लादित हुए जा रही है उसे
नहीं पता है कि वह लड़का उसे किस ओर
लिये जा रहा है
उसे यह भी नहीं पता है कि
उसके स्थान पर यदि कोई भी लड़की होती
तो भी वह यही कर रहा होता।

उस लड़की को उसे अपना प्रेमी बनाने का
सबसे बड़ा फ़ायदा,
उसके आवारापन का ही मिला।
छेड़छाड़ के डर से सकुचाकर चलने वाली
वह लड़की अब निर्भीक चलने लगी थी
उसका वह प्रेमी अब उसका कवच था।
जिसके मछली बनने वाली बाजू पर वह
गर्व करती थी और प्राय:
अपना सिर टिका कर सुकून की साँस लेती थी।
लेकिन मेरी प्रेमिका को इस पर आपित्त थी,
वह कहती, यह सब कुछ ही दिन और
चलने वाला है, फिर एक दिन
वह लड़का इसे रिक्त करके चला जाएगा।

लेकिन प्रेम-प्रकरण के इस सन्दर्भ में
इतिहास की यह एक विसंगति है कि
मेरी प्रेमिका की नज़र का वह कुछ
कभी भी कुछ बनकर नहीं रह पाया
वे हमेशा हमें दिखते ही रहे,
प्यार की उसी गरमाई के साथ, और
उनको देखते-देखते एक दिन हम ख़ुद
दीवार पर लगे चूने की मोटी परत की तरह
झड़कर एक-दूसरे से
एकदम से अलग हो गये।

आज मेरे लिए मेरी प्रेमिका एक इतिहास है।
जबकि वह मुझे अक़्सर मिल जाता है
अपनी उस पत्नी के साथ
जो कभी उसकी प्रेमिका थी
और कभी जिसे देख मेरी प्रेमिका
हमदर्दी से लबालब भर उठती थी
वह मुझे अक़्सर मिल जाता है
अपनी पत्नी और अपने बच्चे के साथ, एकदम ख़ुश
वह हमें दिखता है
पार्क में बच्चे को झूला झुलाते हुए
या फिर, कई बार वह मुझे दिख चुका है
शृंगार की दुकान पर अपनी पत्नी के लिए
टिकुली ख़रीदते हुए।

मैं उसे देखता हूँ,
और देखता रह जाता हूँ।

अब वह हत्यारा कहाँ है, हमें कुछ पता नहीं

वह, जिसका चेहरा
सुबह से बार-बार, दिखाया जा रहा है
टेलीविज़न सेट पर
वह एक हत्यारा है, जिस पर
कई लोगों की हत्या का आरोप है, और जिसे
जेल से रिहा कराया है आज
देश की सबसे बड़ी ताक़तों ने मिलकर।

देश की सारी बड़ी ताक़तें सिमटकर
कहाँ इकट्ठी हो गयी हैं, आम आदमी के लिए अब यह
कोई रहस्य नहीं है और
ना ही यह कि कैसे उसके
मुँह से निकलने वाला
सिगरेट का धुआँ छा जाता है सारे देश पर
एकबारगी।

वे आम आदमी ही हैं
जो ज़मीन पर बैठकर खाना खाते हुए
गर्दन उठाकर देखते हैं टीवी और—
करने लगते हैं ढूँढ़ने की कोशिश उसके चेहरे पर
पश्चात्ताप और शर्म की एक पतली-सी रेखा।
जबकि उसकी आँखों में कोई ख़ौफ़ नहीं है और
ना ही हैं उसके चेहरे पर ख़ून का

कोई छींटा।

उसके चेहरे पर अभी नहीं है ख़ून का
कोई छींटा, लेकिन
टेलीविज़न सेट पर दिखाया जा रहा
बार-बार उसका मुस्कराता चेहरा
डराता है हमें।
और उठ जाता हूँ मैं आज खाकर
बस दो रोटी,
ऐसा लगता है जैसे
दबा रहा है कोई मेरा टेंटुआ या फिर
फँस गया है गले में
पत्थर का एक तिकोना टिकुड़ा।
जैसे लगता है वह अभी आ धमकेगा
मेरे दरवाज़े पर और
लगेगा पीटने उसे ज़ोर-ज़ोर से
और फिर उठाकर बड़ा-सा छुरा
रेत देगा गला मेरे बेटे का।

मेरा सात साल का बेटा, जो
अभी गाढ़ी नींद में है, हो सकता है उसके
सपने में आ रहा हो, ठीक उसी वक़्त
जब यह हत्यारा छूट रहा है जेल से
कोई डायनासोर, या कोई नुकीले दाँतों वाला राक्षस
और जो धीरे-धीरे बढ़ रहा हो उसकी ओर—
सवाल यह बड़ा है कि वह अचानक
चीख़कर उठ बैठे, तब मैं आख़िर—
उसे क्या बोलकर दूँगा सान्त्वना।
क्या वह सचमुच थपथपाने वाली मेरी उँगलियों को
नहीं समझेगा कोई विषैला साँप?

अगर आज जानना चाहे यह देश,
जिसने बनायी है यह सरकार और
जिसने बचा रखा है अपने दिल के भीतरी कोने में
इस धरती के लिए ढेर सारा स्वाद
कि वह आदमी कैसे काट रहा है सात साल की सज़ा
जिसने चुराये थे सिर्फ़ सौ रुपये
उसे कैसे खुलेआम पीट-पीट कर दिया गया अधमरा
जिसने चुराये थे ब्रेड के मात्र दो टुकड़े।
ओर तो और इसका जवाब कौन देगा
जब वह पूछ बैठे कि इसके बाद क्या होगा उस बूढ़े पिता का
जिसे
बेचनी पड़ी अपने बेटे के इलाज के लिए
अपनी बूढ़ी किडनी।

अपनी रिहाई के तुरन्त बाद सीधा
वह कहाँ जाएगा इसमें अब छिपाने जैसा कुछ नहीं है।
टेलीविज़न सेट के पर्दे से चिपके सभी
सोचते हैं, जेल से रिहा होते ही अभी
पकड़ा दिया जाएगा, उसके हाथ में एक तमंचा
और इतने दिनों तक जेल में बन्द होने का बदला
इस रूप में ज़रूर लेगा वह कि अभी कैमरे के सामने ही
कम-से-कम वह मार डालेगा एक आदमी को।
लेकिन सच यह है कि टेलीविज़न सेट का कैमरा
नहीं कर पाता है उसका पीछा बहुत दूर तक
उस गली के नुक्कड़ तक जाकर, अचानक
ग़ायब हो जाता है वह हत्यारा, वहाँ
जहाँ नहीं है प्रवेश की अनुमति किसी भी कैमरे को।

कहाँ गया वह हत्यारा, हमें कुछ पता नहीं
क्या इरादा है उसका अब, हमें कुछ पता नहीं
और कितना भूखा है वह हत्यारा, हमें कुछ पता नहीं

अभी कितने दिनों तक चैन की नींद सोएगा वह, हमें कुछ पता नहीं
अभी वह कैसी दाढ़ी रखेगा, हमें कुछ पता नही
अपने कान में वह कैसी बाली पहनेगा, हमें कुछ पता नहीं।
अभी जिस दिन महसूस होगा देश की सबसे बड़ी
ताक़त का
कि कम हो रही है उसकी ताक़त की आँच
और उसका लोहा
अभी जिस दिन इस शहर में होगा
सबसे बड़ा नरसंहार
अभी जिस दिन
मारा जाएगा युवा और मासूम बच्चों का एक जत्था
अभी जिस दिन एक बार फिर एक फूँक से
उड़ा दिया जाएगा लोकतन्त्र
सुबह के अख़बार के पहले पन्ने पर
सबसे पहला फोटो उसका होगा, और तब
हमें पता चलेगा
उसके कपड़े का रंग, उसके कान की बाली का डिज़ाइन और
उसकी क्रूरत का पैमाना।

आग

वह बच्ची, जिसकी उम्र
दस-बारह वर्ष के करीब है और जिसने
अपनी दो कोमल उँगलियों के बीच
फँसा रखे हैं पत्थर के दो चिकने टुकड़े
इस भीड़ भरी बस में
निकालने की करती है कोशिश
अपने गले से
अनुराधा पौडवाल की आवाज़।

पत्थर के इन दो चिकने टुकड़ों से
निकालती है वह
ढेर सारी फ़िल्मी धुनें,
भगवान के भजन और
सफ़र के गीत।

इस भीड़ भरी बस में भी
लोग सुनते हैं उसके छोटे गले से
अनुराधा पौडवाल की छोटी आवाज़
और देखते हैं
बहुत ही तेज़ गति से चलने वाली
उसकी दो उँगलियों के बीच
पत्थरों का आपस में टकराना।

उस बच्ची को नहीं है मालूम
पत्थर के इन्हीं दो टुकड़ों से, जिनसे
वह निकालती है फ़िल्मों की धुनें और
जीवित रहने की थोड़ी-सी गुंजाइश
उन्हीं पत्थरों के टकराने से निकलती है
चिंगारी।

उस बच्ची को नहीं है मालूम, जब
इस सृष्टि की हुई शुरुआत, तब
लोगों ने बसने से पहले, सबसे पहले
ईजाद की थी आग
इन्हीं दो पत्थरों को टकराकर।

इंस्पेक्टर मातादीन का सपना

(हरिशंकर परसाई को समर्पित)

फ़र्ज़ कीजिए
स्टॉप पर जब एक पूरी भीड़
बस का इन्तज़ार कर रही हो, तब वह
सूट-बूट पहने हाथ में अटैची लिये
अचानक कहीं से प्रकट हो जाए, और
आपके बिल्कुल क़रीब आकर खड़ा हो जाए
और अपने मुँह को आपके कान के एकदम पास लाकर
धीरे-से फुसफुसा दे कि
'क्या आप दस रुपये की मेरी हेल्प कर सकते हैं?'
तब आप क्या करेंगे?

आपके पूरे बदने में यह फुसफुसाहट
एक झुरझुरी पैदा कर देगी, और आप
एकदम से सिहर कर उससे
छिटककर दूर खड़े हो जाएँगे।

एक वक़्त था जब यह फुसफुसाहट मानवता को मिला एक मौक़ा था।
लेकिन अब यह एक डर है।

अब जब मनुष्य पेज़र की मध्यस्थता वाली दुनिया से
निकलकर, मोबाइल की लाइव दुनिया में
प्रवेश कर गया है, और

आर्चिज और हॉलमार्क के कार्ड को पीछे छोड़
एस.एम.एस.-एम.एम.एस. खेलने लगा है, और
पी.सी. पर बैठे-बैठे ऊबकर
उसने लैपटॉप को अपना जीवनसाथी बना लिया है और
बड़े-बड़े सिनेमाघरों को छोड़कर
मल्टीप्लैक्स में जाना पसन्द करने लगा है, जहाँ
मॉल-संस्कृति की अपनी एक पूरी दुनिया है
तब यह डर, इस उन्नति के रास्ते की
सबसे सनसनीखेज और बिल्कुल नयी परिघटना है
जिसे प्राप्त करने में इस स्वाधीन देश को
करीब अट्ठावन वर्ष लग गये।
सम्भव है कि वाक़ई किसी ने उसका
पॉकेट मार लिया हो, और
सही में वह ज़रूरतमन्द हो, लेकिन
चूँकि आप एक डरे-सहमे हुए नागरिक हैं
इसलिए उसकी मदद के लिए आगे आने में आप कतराएँगे।

मनुष्यता के इतिहास में यह शायद पहली बार है, जब
मानवता से ऊपर डर का स्थान है।

अब लोगों की नज़र में फुसफुसाहट
एक ख़ास अर्थ लेने लगी है जो
चाँदनी चौक की फुसफुसाहट की तुलना में
काफ़ी गहरी होती जा रही है, जहाँ
राह चलता एक आदमी, आपके कान में, आकर
धीरे-से कह देगा कि
'यह घड़ी चोरी की है, क्या आप
इसे ढाई सौ रुपये में ख़रीदेंगे?'

एक मनुष्य दूसरे मनुष्य के एकदम करीब आने मात्र से
डरने लगे,

यह एक ऐसा डर है जो
इस शहर ने बिल्कुल बाज़ारवादी स्टाइल से
बाइ वन गेट वन फ्री की तर्ज़ पर
सभी प्रकार के सुखों के साथ मुफ़्त में दिया है।

यह डर अभी और बढ़ेगा
हर आदमी दूसरे आदमी की परछाई मात्र से
भय खाने लगेगा
क्योंकि तब सभी जान रहे होंगे कि
एक वक़्त ऐसा आएगा जब
इनमें से ही कोई एक नज़दीक आकर
कान में एकदम से फुसफुसा कर कह देगा— डेमोक्रेसी
और फिर यह सवाल पूछकर निरुत्तर कर देगा कि
'फिर तुम डरते क्यों हो?'

इस विकसित दौर में

अब यह बात काफ़ी पुरानी हो चुकी है कि
कभी हम हत्यारों से डरा करते थे।
बीत गया वह वक़्त जब उसके प्रवेश पर
पूरी गली में एक सन्नाटा छा जाता था
और ख़ालीपन भाँय-भाँय करने लगता था।
सभी अपने किवाड़-खिड़की भिड़ा लेते थे
और अपने बच्चों को अपने कलेजे से बिल्कुल बन्दरिया की तरह
चिपटा लेते थे।
अब वह वक़्त चला गया।

सचमुच अब हत्यारों से डरने का वक़्त चला गया

ज़माना बदलने के साथ डर भी बदल गया।

अब तो उसके साथ शौक़ से घूमा जा सकता है
साथ चाय पी जा सकती है,
साथ फ़िल्म देखने जाया जा सकता है,
और यहाँ तक कि अब तो घर के बारह बैठकर
उसके आने का इन्तज़ार भी किया जा सकता है।
क्योंकि हमें पता चल चुका है कि
हत्यारों के हथियार अब उनके नहीं रहे, वे ख़रीदे जा चुके हैं।
पैसों ने उनकी धार को भोथरा कर दिया है।
अब जब तक इशारा नहीं किया जाएगा।

वे हत्या कर ही नहीं सकते।
वे अपने हथियार पर कसकर मुट्ठी भींच तो सकते हैं
परन्तु उसे चला नहीं सकते।

इस विकसित समय में इतिहास हमें छूट देता है, कि
जिस तरह हम हत्या को हत्या कहे बगैर
और हँसी को हँसी कहे बगैर अपने आप को
मनुष्य कहला सकते हैं
उसी तर्ज पर अब हत्यारे को हत्यारा कहने से भी
हम अपने आप को रोक सकते हैं।

हत्या, हथियार और हत्यारा अब अंडरवर्ल्ड से ज़्यादा बाज़ार के शब्द हैं।

हत्यारों का भी अब अपना एक बाज़ार है
जहाँ बिकते हैं हत्यारे और
ख़रीदी जाती है मृत्यु।
अब हत्यारों और हथियार का चुनाव भी किया जा सकता है
कोई हत्यारा हमें दुबला लग सकता है
कोई मोटा और कोई फ़ुर्तीला
किसी का हथियार हमें धारदार लग सकता है
किसी का नुकीला और किसी का बिल्कुल ही भोंथरा।
सब अपने-अपने चुनाव की बातें हैं।

लेकिन लोकतन्त्र की यह अपने-आप में कितनी बड़ी उपलब्धि है कि
हत्या के निशाने पर कौन है, हमारे पास अब
उसे ध्यान में रखकर
हत्यारा और हथियार का चुनाव करने की रियायत है।

हम यह कैसे मान लें कि रघुवीर सहाय ने
रामदास जैसे अदने की हत्या के लिए
गली छाप टुटपुँजिये हत्यारे और

चाकू जैसे छोटे हथियार का
इस्तेमाल कर ग़लत किया था

सच! लोकतन्त्र में यह, आपको कहाँ जाना है,
उस अनुरूप बस पकड़ने जैसा है।

परन्तु सोचने को यह सोचा जा सकता है कि
अगर एक दिन इस देश के सारे हत्यारे मिलकर
यह निर्णय ले लें कि अब वे
इशारे पर हत्या नहीं करेंगे
तब इस देश की राजनीति का क्या होगा?

इस बार की सोच

एक पत्थर को ऊपर उछालकर
उसके वापस लौटने तक में उस लड़के ने सोचा
कि पत्थर लौटकर वापस आएगा।
लेकिन यदि वह लौटकर वापस न आये तो!
क्या वह सूर्य पर जाएगा
या जाएगा वह चन्द्रमा पर
या वह अटका रह जाएगा अन्तरिक्ष में
वह सोचने में रह गया
पत्थर वापस आकर उसके सिर पर लगा
—वह घायल हो गया।
उसने इस बार सोचा,
जो उछालूँगा—
वह वापस आएगा।

उसका ज़मीर उसे रोक लेगा...

यदि वह जीवन में
भागना चाहेगा, तो
जीवन में ऐसी कई ईप्साएँ
उसे मिल जाएँगी
जिधर, जिसके लिये
और जिसके पीछे भागा जा सकता है।
मुझे नहीं लगता है कि
उसके इस भागने के रास्ते में
कोई भी दीवार बाधा बनेगी
कोई नदी-नाला
कोई पेड़
कोई चट्टान
कोई सम्बन्ध
कोई रिश्ता, कुछ भी नहीं।
पर मुझे इतना विश्वास है
जिस दिन वह एक पल को भी रुककर
पीछे मुड़कर देख लेगा
उसका ज़मीर उसे रोक लेगा।

एक बार फिर

(विदर्भ में आत्महत्या कर चुके किसान के परिवार की तस्वीर अख़बार में देखकर)

उनकी आँखों में एक दुख था,
एक बेचैनी, एक जिजीविषा।
उनकी आँखों में एक गुहार थी,
एक आशा, एक सम्भावना।

उनकी आँखें सरकार पर टिकी थीं।

कुछ कम मनुष्य होता तो...

प्रेम-प्रकरण के कई वर्ष गुज़र जाने के बाद
मेरी प्रेमिका ने मुझ पर
शोध के एक निष्कर्ष-सा यह आरोप लगाया है
कि मेरा प्यार छद्म है
कि मैंने उसे कभी प्यार किया ही नहीं
कि उसे ही क्या मैं कभी भी किसी को भी प्यार कर ही नहीं सकता

मैंने उसे घंटों
कई प्रकार से समझाने की कोशिश की।

मैंने उसे यह बताया कि
सोते-जागते हर-पल मैं उसे ही याद करता हूँ।
मैंने उसे यह बताया कि
अपनी ज़िन्दगी के हर कमज़ोर और महत्त्वपूर्ण क्षणों में
मैंने हमेशा उसे ही याद किया है।
मैंने उसे यह बताया कि
उसके साथ के बगैर मैं
अपने-आप को अधूरा महसूस करता हूँ।
मैंने उसे यह भी बताया कि
वह मेरी शक्ति है और अपनी हर ऊँचाई के ख़्वाब मैंने
उसके ही संग देखे हैं।
मैंने उसके सामने
ज़िन्दगी में उसे यथासम्भव सुख देने की

कसमें भी खायीं।
उसके सामने मैंने
उसकी हर समस्या को अपनी समस्या मानने के
वायदे भी किये।
मैंने उससे यह भी कहा कि
उसे तेज़ हवा में सोना पसन्द है, तो
शादी के बाद, ठंड के बावजूद भी मैं
रेग्यूलेटर को कभी हाथ भी नहीं लगाऊँगा।
मैंने उससे यह भी कहा कि
उसे गहना पहनना, लिपस्टिक लगाना पसन्द नहीं है, तो
मैं कभी उसे फोर्स नहीं करूँगा।
उसे अगर ज़िन्दगी में एक ही बच्चा चाहिए
तो भी मैं प्रतिकार नहीं करूँगा।
वह उस बच्चे का नाम
चिंटू-मिंटू-पिंटू या रिंकी-पिंकी कुछ भी रखना चाहेगी
उसे मैं स्वीकार कर लूँगा।

लेकिन...
लेकिन उसका निष्कर्ष जस-का-तस रहा कि
मेरा प्यार छद्म है।

मैं जानता हूँ
समझाने के लिए मैंने जितनी भी बातें उससे की हैं
वे सच हैं।
मैं यह भी जानता हूँ कि
मेरे इन सचों को, वह भी सच मानती है।
लेकिन...

लेकिन इन सब सचों के ऊपर, एक सच यह भी है कि
मैंने उसे यह भी कहा है कि मैं
तुम्हें जितना प्यार करता हूँ,

तुम्हारे गदराए हुए बदन को भी, उतना ही प्यार करता हूँ।

तब से ही वह तिलमिला उठी है
और मेरे पूरे प्यार पर शक़ कर बैठी है।
और यह निष्कर्ष दे बैठी है कि
मेरा प्यार छद्म है और
मैंने उसे कभी प्यार किया ही नहीं
और उसे क्या
मैं किसी को भी प्यार कर ही नहीं सकता।

असली सच शायद मैं जानता हूँ
यदि मैं कुछ कम मनुष्य होता तो
कुछ और दिनों तक, उसके साथ रह पाता।

क्योंकि इतिहास अपने को दोहराता है

अन्याय क्या है?
हम सभी ने महसूस किया है
इसे सबसे पहले बाबा की कहानियों में,
'एक राजा था, जो बहुत अन्यायी था,
वह अपनी प्रजा पर बहुत अत्याचार किया करता था।'

बड़े होकर और समझदारी आने पर हमने यह जाना कि
राजनीतिक और सामाजिक इतिहास की तर्ज़ पर ही
लिखा जा सकता है
अन्याय का भी एक स्वस्थ और समृद्ध इतिहास
और अन्यायियों को दी जा सकती है शीर्ष की
एक कुर्सी और एक ताज।
उचित तो यह होता कि लिखा जाता
शोषितों का एक इतिहास
क्योंकि तब शायद आ पाता अन्याय की सही स्थिति का आकलन।
कहा जाता है अन्याय जो सहता है,
वही देख पाता है
अन्यायी तो मदान्ध होते हैं।

लेकिन इसे समय की चूक कहें या
मानवता की एक कमज़ोरी
ऐसा कभी सम्भव नहीं हो पाया
इतिहास हमेशा से बर्बरों और अत्याचारियों को

देता रहा है स्थान

जिस तरह नहीं है हमारे पास आज
इराक़ और अफ़ग़ानिस्तान में मारे गये उन
मासूम नागरिकों का कोई ब्योरा।
क्या आपको पता है आबूग़रीब जेल में
बन्द उन पीड़ित कैदियों के नाम
क्या आपकी स्मृति में है कोई उनकी
धूमिल सी भी पहचान।

हमें ऐसा महसूस हो सकता है कि
इस पल-दर-पल बदलती संस्कृति में
वे चन्द चीज़ें, जिनकी अक्षुण्ण बची रह गयी है अस्मिता
उनमें अन्याय का अपना एक ख़ास महत्त्व है
पर ऐसा है नहीं।

अब जब भी लिखने बैठा जाएगा अन्याय का इतिहास
यह रहस्य खुलकर सामने आएगा कि, जब
आज ज्यों-का-त्यों बचा नहीं रह पाया है प्यार
और ज्यों-का-त्यों बची रह नहीं पायी है हँसी
अन्याय ने भी अपना स्वरूप बदल लिया है

वह एक वक़्त था, जब
अपनी धाक जमाने के लिए
जान-बूझकर किए जाते थे अत्याचार और
खोलकर रख दिये जाते थे अपने मकसद
और घोषित कर दी जाती थी अपनी दादागिरी

यह वक़्त है
अन्याय के चुपके से आने का
यह वक़्त है

अपने मुनाफ़े के मकसद को
गर्भ में छुपाकर आने का
यह वक़्त है
अपने चरित्र को एकदम सफ़ेद रखने का
ताकि चुन सकें उन्हें आप अपना अगुवा
कह सकें उनके प्रोडक्ट को आप सर्वोत्तम
और उन्हें घोषित कर सकें आप
विश्व की सबसे बड़ी ताक़त।

आप जिस भी प्रोडक्ट को जितनी अहमियत देंगे
उसके अन्याय का ग्राफ उतना ऊपर जाएगा
या आप इसे यूँ भी कह सकते हैं
जिसके अन्याय का ग्राफ जितना ऊपर जाएगा
आपकी नज़र में उसकी अहमियत उतनी ही बढ़ती जाएगी।

अगर इतिहास अपने विकास क्रम में
अपने आपको दोहराता है तो
एक बार फिर ऐसा होगा जब
अन्याय धाक जमाकर होगा और
हम एक बार फिर विवश होंगे खुलकर हुए उस अन्याय
को सहने के लिए।
हम विवश होंगे
यह बता दिये जाने के बावजूद कि
उसमें ज़हर है, पेप्सी पीने के लिए।

कठिन समय और हम

शायद तुम्हारी मृत्यु हो चुकी है।
लेकिन, इस अनसुलझे रहस्य को, तुम
और तुम्हारी हत्या करनेवाले के इतर
और कोई नहीं जानता।

उस रात पार्टी में तुम, शराब पीने के बाद,
छत पर सोये थे
—लोगों ने इतना ही देखा है।
और सुबह से तुम ग़ायब हो।

कोई कहता है,
तुम्हारी पत्नी का कोई 'और' भी है, इसलिए
उस घर में, उसने ही
तुम्हारी हत्या कर दी है।
और तुम्हारी लाश के टुकड़े कर
घर में ही गाड़ दिये हैं।
कोई कहता है,
तुमसे अब पत्नी के सामने
अपनी बेकारी सहन नहीं हुई होगी, इसलिए
तुम कहीं भाग गये हो
और पागल हो गये हो।

दूसरे दिन शाम में पुलिस आयी थी।

फिर एक-दो दिन और भी
पुलिस आती रही थी
लेकिन आश्चर्य!
इन दो-तीन दिनों की गहमा-गहमी के बाद
बात वहीं थम गयी है।
तुम्हारा पाँच फुट छह इंच का शरीर
अचानक ग़ायब हो गया
और बात वहीं थम गयी है।

कोई कहता है
तुम्हारे श्वसुर रमाकान्त बाबू
पुलिस को रिश्वत खिला आये हैं
कोई कहता है,
यहाँ की पुलिस ही मुस्तैद नहीं है
और कोई तो यहाँ तक कहता है कि
उस दारोगा के पास तुम्हारी पत्नी ख़ुद गयी थी।

ख़ैर, हुआ कुछ भी हो
लेकिन बात वहीं थम गयी है।

अब तुम जहाँ कहीं भी हो
आगे के लिए तुम्हें बता रहा हूँ।
यदि तुम मर गये हो, या
पागल हो गये हो
तब मैं बता रहा हूँ
कभी भी इस स्थिति में,
पुनः नहीं लौटना
जहाँ एक हट्टा-कट्टा शरीर ग़ायब हो जाए
और बात थम जाए।
यदि तुम कहीं भी जीवित हो
और पागल नहीं हुए हो

तब मेरी सलाह मानो
और मर जाओ।

डर मुझे तुमसे सिर्फ़ इस बात का है, कि
सबसे निकट का मित्र होने के नाते
कभी तुम मुझसे आकर, कान में
यह मत बता जाना, कि
वाकई में मेरी हत्या हुई थी, और
फलाँ ने की थी।

भला सोचो इस कठिन समय में
मेरे जैसा एक अदना आदमी
इतना बड़ा राज कैसे छुपा पाएगा?
और यदि बात चूक से भी खुल गयी
तब क्या मेरी भी हत्या की तारीख़
मुकर्रर नहीं कर दी जाएगी?

कॉमरेड

मार्क्स का जन्म कब हुआ और
कहाँ हुआ,
उसे नहीं पता है।
ना ही वह जानता है, कि
कम्युनिस्ट पार्टी की घोषणा पत्र जैसी
पतली-सी लाल किताब है, इस
धरती पर कोई
ना ही उसने सुना है कभी
फ्रांसीसी क्रान्ति के बारे में कुछ
लकिन उसका नाम है कॉमरेड।

उसका नाम कॉमरेड किसने रखा, यह
सवाल एक बड़ा सवाल है।
सम्भव है उसके पिता ने रखा हो उसका यह
पुकारू नाम
और सोचा हो जब ज़रूरत पड़ेगी सर्टिफिकेट पर उसके नाम की
तब वह बदल देगा उसका नाम
और इसकी कभी ज़रूरत ही नहीं पड़ी हो।
या सम्भव हो निकल आया हो
नाम रखने की राशि ही 'क' वर्ण से।
लेकिन 'क' से कामाख्या के स्थान पर
कॉमरेड ही क्यों रखा उसके पिता ने
आज जब उसके पिता नहीं रहे इस दुनिया में, तब

यह सवाल एक अनुत्तरित सवाल है।

कॉमरेड जब रोज़ सुबह लुंगी और गंजी पहनकर
निकल पड़ता है उस ईंट के भट्ठे पर
जहाँ से उसे मिलते हैं सौ ईंट ढालने के दस रुपये
तब धूप की तेज़ तपिश से बचने के लिए
रख लेता है वह अपने सिर पर
एक गमछा।
वह रोज़ देखता है आसमान की ओर और
मन में सोचता है न हो बारिश की एक बूँद भी तो अच्छा है
वरना नहीं ढलेंगी एक भी ईंट और
नहीं जलेगा उसका चूल्हा।
जब सूरज की तेज़ गर्मी के नीचे ईंटें ढाल रहा होता है कॉमरेड
तब वह नहीं जानता है कि
समाज का कोई वर्गीकरण जैसा भी होता है कुछ
और यह भी कि वह भी समाहित है उन दो वर्गीकरणों में से
किसी एक में।

कॉमरेड ढालते हुए ईंट, खाता है खैनी
और काम में होता है ख़ूब मशगूल तब लोग
दूर से उसे पुकारते हैं 'कॉमरेडवा'
कॉमरेड का कान आदी हो चुका है सुनने में अपने लिए
'कॉमरेडवा'
कॉमरेड नहीं जानता है और न ही वह पुकारने वाला कि
जब बोला जाता है कॉमरेड को कॉमरेडवा तब
इतिहास के कितने बड़े विमर्श में हस्तक्षेप—
कर रहे होते हैं वे, एक साथ।

कॉमरेड का नाम कुछ भी होता, उसे
कोई फ़र्क़ नहीं पड़ता
उसका नाम होता सिकन्दर या फिर बुश

उसे कोई फ़र्क़ नहीं पड़ता
वह यूँ ही खाते हुए खैनी मशगूल रहता अपने
काम में।

लेकिन इतना अवश्य सत्य है कि
जिस दिन पता चल जाएगा उसे कि
कॉमरेड का क्या है अर्थ और यह कि
मार्क्स कौन था तब
उसकी धमनियों में रक्त का संचार
अचानक बहुत तेज़ हो जाएगा।

कितना दुखद है

कितना दुखद है यह कि
रोटी की जुगत में वह
गाँव से आये दिल्ली और
गुम हो जाए उससे, उसके जानने वाले का पता।
कितना दुखद है यह कि
अपने उस परिचित के लिए
वह अपने घर से लाना चाह रहा हो
अपने इकलौते आम के पेड़ के आम से बने
अचार का डब्बा और वह
ट्रेन की धक्का-मुक्की में बिखर जाए, वहीं
स्टेशन पर,
लेकिन सबसे दुखद यह है कि
वह जानने वाला बुलाकर उसे दिल्ली
लेने नहीं जाए उसे स्टेशन
और वह
हो जाए इस बड़े शहर में तितर-बितर।

किसान की आत्महत्या भी मृत्यु है

यह कितना अच्छा है कि
इस देश के किसान अख़बार नहीं पढ़ा करते
नहीं, तो वे जान जाते
अपनी आत्महत्या की ख़बरें
और कम हो जाती उनकी फ़सल पैदा करने की ललक।
वे जान जाते
अनाज के दानों की सौंधी गन्ध का
उन तक नहीं पहुँच पाने के
पीछे का राज़
और कम हो जाती उनकी जिजीविषा।

इतिहास में यह समय
जितना विकास के लिए दर्ज़ होगा
उससे अधिक होगा अपनी विडम्बनाओं के लिए
और जब बारी उन विडम्बनाओं की पड़ताल की आएगी
तब जो सबसे ऊपर आएगा, उसमें होगा
अख़बार में छपी किसानों की आत्महत्या की ख़बर
और यह कृषि प्रधान देश।

उनकी आत्महत्या की ख़बरें
गूँजती हैं सत्ता के गलियारों में, और
निर्धारित करती हैं सरकार का
बनना और बिगड़ना

और फिर ख़बर बनकर चिपक जाती हैं
सुबह-सुबह अख़बार के पन्नों पर
जिन अख़बार के पन्नों पर ले जाते हैं
अपने खेत पर वे,
कीटनाशक।
ताकि लहलहा सके उनकी पैदावार।

किसान नहीं जानता है
पौधे जितने ही लहलहाएँगे
मंडी में कम होंगी उतनी ही दरें
और बढ़ेंगी उतनी ही आत्महत्याएँ
किसान सोचता है
क्या कोई कीटनाशक ऐसा नहीं जो
मार सके समाज के मुनाफ़ाख़ोरों को
और जो दिला सके मंडी में उन्हें उचित कीमत।

किसान ज्यों ही ख़त्म करता है कीटनाशक
अख़बार के उन पन्नों से झाँकने लगते हैं
दो बच्चियों के साथ
उनकी विवश माँ की ताज़ा तस्वीर
जिसे खींचा गया है
उस किसान की आत्महत्या के उपरान्त

किसान नहीं जान पाता है
उन भोली आँखों के पीछे की विवशता का कारण
किसान नहीं पहचान पाता
अपनी प्रजाति की उस मासूमियत को

आज जब इस देश में
पूँजी को आवारा बनाने की पुरज़ोर कोशिश है
तब यह सच एक ऐसा सच है,जिसे

जान लेना बहुत ही सरल है।

लेकिन ख़बर जिनसे बनती हैं
अकसर उन तक पहुँचने से उन्हें रोका जाता है
हम यह जानते हैं कि
उनकी आत्महत्या की ख़बरें
उन तक नहीं पहुँचकर
अनाज उत्पादन के मद्देनज़र
इस देश के हित में है
हम यह सोचते हैं कि
या तो यह अच्छा है कि
किसान अख़बार पढ़ना नहीं जानते
या फिर यह अच्छा है कि
नहीं हो अख़बार में
उनकी आत्महत्या की ख़बरें।

परन्तु क्या फ़र्क़ ही पड़ जाता जो
इस देश के किसान अख़बार पढ़ना जानते?
और क्या फ़र्क़ पड़ जाता, जो उसमें
होती उनकी आत्महत्याओं की ख़बर के बदले
बजट की घोषणाएँ
और दिये गये होते उनमें किसानों के लिए
विशेष पैकेज।

किसान बैठा है खेत की आड़ पर

वह बूढ़ा किसान
जिसके खेत में पड़ चुका है सूखा
जिसकी फ़सल हो चुकी है सूखकर खर-पतवार
जिसके जवान बेटे ने अपने पीछे
पत्नी और दो बेटियों को छोड़, लगा लिया है
गले में फन्दा।
उन्हें सरका की तरफ़ से दिया गया है
तीन सौ पचहत्तर रुपये का मुआवज़ा।
जिसे लेने गये किसान को सुनना पड़ता है उस बैंक में कि
बाउंस हो गया है वह चेक, जिसमें बसी थी
रूह उसके मृत बेटे की और
जिसमें बची थी
बहू और दोनों बच्चियों की इज़्ज़त को ढँकने की
थोड़ी-सी गुंजाइश।
वह बूढ़ा किसान बूझने की कोशिश करता है कि
'चेक बाउंस' क्या होता है और जब
रुपये भेज दिये जाते हैं, तब हर बार
बीच से ही ग़ायब हो ज़ाते हैं वे, कैसे?

वह बूढ़ा किसान, जो अब
बहुत दिनों से नहीं दिखता था खेत पर
अब अचानक दिखने लगा है बैठा ठीक खेत की आड़ पर एक बार फिर
वह बूढ़ा किसान जिसके माथे पर मुरठ्ठा है और

जिसकी दाढ़ी के सफ़ेद बालों में नहीं लगा है
उस्तरा कई दिनों से, सोचता है कि
इस मिट्‌टी से क्यों नहीं आती अब
सौंधी ख़ुशबू?
क्यों नहीं चरने के लिए घुसते हैं जानवर अब
इस खेत में?
कि क्या वाकई उसके करने से कुछ हो पाएगा
इस खेत का?

हमें दुख होता है उस बूढ़े किसान को, और
उस बूढ़े किसान के झुके कन्धों को देखकर
और हम सोचते हैं सीधे उठाकर ले आयें उसे
उस खेत की आड़ पर से दिल्ली के इन बड़े-बड़े मॉल्स के बीच
कम-से-कम एक बार
ताकि, अपनी मृत्यु से पहले देख ले वह कि
इसी देंश में एक दुनिया ऐसी भी है
जिनके चेहरे पर है इतनी गाढ़ी लाली और
जिनके अन्दर छिपी है इतनी हँसी
जो कभी ख़त्म ही नहीं होती और
जिन्हें नहीं पता है कि चावल धान से निकलता है और
आलू ज़मीन के अन्दर होता है
और यह भी कि रोपनी होती है गीले खेत में
जहाँ पैरों से चिपक जाते हैं भैंजोक और
चूस लेते हैं ढेर सारा ख़ून एक बार में
और यह भी कि जब ऋण के बदले
किसान के खूँटे से खोल लिये जाते हैं बैल, तब
चिलचिलाती धूप में हल को खींचने के लिए
बैल की जगह ख़ुद ही आगे आना पड़ता है
किसान को।

हम सोचते हैं
यहाँ की तेज़ रोशनी को देखकर चौंक जाएगा वह।
लेकिन यहाँ की तेज़ रोशनी में आँखें चुँधियाये
इससे पहले ही चिल्लाने लगेगा वह
उस फव्वारे को देखकर
जिसकी पानी की रफ़्तार बहुत तेज़ जाती है
ऊपर की ओर
वह नहीं देखेगा इन बड़ी-बड़ी अट्टालिकाओं की ओर
नहीं देखेगा इन चिकनी फर्शों को,
वह बहुत ही तेज़ आवाज़ में कहेगा, बन्द कर दो इन फव्वारों को
और बना दो कम-से-कम
एक पतला-सा नाला हमारे खेत तक, ताकि
रिस सके पानी की कुछ बूँदे, उस खेत में
और अंकुरा सके मिट्टी में दबे हमारे बीज भी
सूखकर पत्थर बन जाने से पहले
और खुली रह सकें आँखें तब तक, जब तक कि
ब्याह दी जाएँ दोनों बच्चियाँ।

उस बूढ़े किसान को
खेत के ठीक आड़ पर पकड़ लेता है वह टीवी चैनल का रिपोर्टर
और पूछ बैठता है,
क्या कुछ हुआ विकास!
जब प्रधानमन्त्री ने घोषित किये करोड़ों रुपये के विशेष पैकेज
तब आप तक कैसे पहुँचे मात्र तीन सौ पचहत्तर रुपये?
वह बूढ़ा किसान बिल्कुल नहीं घबराता और
कहता है कहाँ है वकास?
कहाँ मिले वह भी तीन सौ पचहत्तर रुपये?
फिर अचानक उस बूढ़े किसान की आँखों से
ढुलक पड़ती हैं आँसू की कुछ बूँदे और जो खो जाती हैं
दाढ़ी के उन सफ़ेद बालों में।

वह बूढ़ा किसान कहता है
वह जाएगा कचहरी तक, लेने इन तीन सौ पचहत्तर रुपयों को
क्योंकि उसमें बसी है उसके बेटे की आत्मा और
दनादन टेलीविज़न सेट पर
दिखने लगता है सूखे खेत की आड़ पर
बैठे किसान की आँखों का पानी।
तब देखता है पूरा देश उस किसान की जीवटता के पीछे का
कारण।

उस किसान को अभी नहीं है मालूम
एक दिन ऐसे ही पकड़ा दिया जाएगा उसे
मुआवज़े की रकम भरा एक और चेक
और तब वे हो जाएँगे बेदख़ल
इस खेत से, इस आड़ से और सबसे पहले
किसान शब्द से
और तब उनसे नहीं पूछा जाएगा कि
क्या सचमुच नहीं हुई है उन बच्चियों की शादी अभी तक
जिन्हें अन्तिम बार देखे बग़ैर ही लगा लिये थे
अपने गले में फन्दा
उसके पिता ने।

खड़ा रहना क्या कम है?

मेरे घर के समीप का जो वह पार्क है,
जहाँ कि रोज़ सुबह में सैर को जाता हूँ
के बीचोंबीच एक
'महामानव' का बुत है
जो मुझे काफ़ी परेशान किये है।

कल जब मैं अलसुबह पार्क में पहुँचा
तब वह एकदम ख़ाली था।

अपनी खीझ व्यक्त करने के लिए मैंने एक अच्छा मौक़ा पाया।
मैंने सीधा उसके पास जाकर
प्रश्न किया
'तुम यूँ खड़े रहते हो, क्या
कभी थकते नहीं हो?'
मेरा यह चीख़ता हुआ प्रश्न, सीधा
उस बुत से था,
जो उस कोहरे भरे माहौल में पूरी तरह
गूँज नहीं पाया था।

जबकि वह बगैर हिले-डुले चुपचाप खड़ा था।
लेकिन अचानक से वह मुझसे मुख़ातिब हो गया,
और मेरी ओर तिरछी निगाह कर सीधा
मुझसे ही पूछ बैठा, 'मेरा तो वक़्त गुज़र गया,

तुम ही कौन-सा चले रहे हो?'
शायद यह प्रश्न, एक पीढ़ी का दूसरी पीढ़ी से था।
लेकिन
उसका यह प्रश्न भरा उत्तर मुझे विचलित कर गया।

मेरे पाँव के नीचे से ज़मीन दरकने लगी, और
उस घने कोहरे में भी मेरे चेहरे पर
पसीना छलछला आया।
उसने मेरी इस परेशानी को समझ लिया था।

मुझे सान्त्वना देने के लिए उसने मेरे कन्धे पर
हाथ रखा और अपने आसन से नीचे उतर आया।
मेरे बिल्कुल पास में बैठ वह
बड़ी देर तक समझाता रहा था
कि, अब तो खड़े रहने को भी हिम्मत चाहिए।

उसने यह बताया कि अब
रास्ता पहले वाला नहीं रहा।
पहले जब हम रास्ते पर चलते थे तब
हम आगे बढ़ते थे और हमारा
विकास दिखता था।
लेकिन अब जिस रास्ते पर तुम चल रहे हो
वह ऐसा रास्ता है जिस पर तुम
कितना भी चल लो तुम वहीं खड़े रहते हो।
तुम्हें हमेशा यह महसूस होता रहेगा कि
तुम बहुत आगे निकल चुके हो परन्तु
तब एक दिन ऐसा आता है जब
तुम फिर वहीं पहुँच जाते हो जहाँ से
तुमने शुरू किया था।
अपनी बातों को समेटते हुए
उठते-उठते उसने लगभग मुँह चिढ़ाते हुए कह दिया था—

'सोच कर देखो, तुम भी तो खड़े ही हो।'
एक बार फिर मैं हतोत्साहित हो गया था।

ऐसा लगा जैसे मेरा जीवन निरर्थक है
जीवन का सारा प्रयास बेकार है।

महामानव ने फिर मेरी मन:स्थिति को समझ लिया था।
शायद वह मुझे दुखी नहीं रखना चाहता था
इसलिए वह अपने आसन पर चढ़ने और
स्टेच्यू होने से पहले उसने
सूत्र रूप में कह दिया—
'लेकिन इन बयारों के बीच तुम
खड़े हो, यह क्या कम है?'

ग्लासटैंक

पानी से लबालब भरा वह ग्लासटैंक
उस बड़े से टेबल के एक किनारे
रखा था।
किन्तु सूना।
पहले की वह एक मछली
अब उसमें नहीं थी।
वह मछली अब टेबल पर
उसके बिल्कुल बराबर
पड़ी थी— तड़पती हुई
ग्लासटैंक और उसमें रखा पानी
बिल्कुल शान्त था।
किसी ने उसे उससे निकालकर
बाहर रख दिया था।

चलो दोस्त सब ठीक है

मैं जब भी उसके समीप से उठकर आता हूँ
तुम्हारी आँखें मुझ पर ठहर जाती हैं
तुम्हारे अन्दर एक कौतुहल जाग उठता है
और तुम्हारी ख़ामोश आँखें मुझसे सवाल करने लगती हैं।
कि क्या आज मैंने उसके हाथों को
अपने हाथों में लिया या नहीं?
कि उसके होठों से मैंने अपने होठों को छुआया या नहीं?
कि उसके वक्ष की गर्मी को अपनी हथेली पर
मैंने आज महसूस किया या नहीं?

मैं जानता हूँ तुम्हारे पास मेरे जवाब दिये बग़ैर ही
इन सारे सवालों के जवाब 'हाँ' में हैं।
मैं यह भी जानता हूँ कि तुम्हारी नज़र में इस वक़्त इस धरती
का सबसे ख़ुशनसीब हूँ मैं।
पर तुम्हारे इन सारे सवालों का मैं सिर्फ़
एक जवाब दे पाता हूँ
'मैं उससे प्रेम करता हूँ।'
यह एक पंक्ति का उत्तर कुछ ऐसा है जो
मुझे तुम्हारी नज़र में एक झटके में
सबसे बड़े ख़ुशनसीब से सबसे बड़े बेवकूफ़ में
तब्दील कर देता है।

तुम कहते हो,
मैं पत्थर पर सिर मार रहा हूँ

उसका प्यार एक धोखा है
और कुछ नहीं महज एक छलावा है।

तुम कहते हो
उसकी ज़िन्दगी से दूर जाना जितना आसान है
उससे कई गुना ज़्यादा आसान है
उसकी ज़िन्दगी में प्रवेश करना।
तुम मेरे सामने एक पूरी सूची रखते हो
उन लड़कों की जिसे तुमने
उसकी ज़िन्दगी के
करीब आते और दूर जाते देखा है।
तुम्हारे पास एक पूरी लिस्ट इसकी भी है कि
कौन-सा पुरुष उसकी ज़िन्दगी में
कहाँ तक पहुँचा था।
ज़िन्दगी से शायद तुम्हारा मतलब
उसकी जिस्म से होता है।

तुम मुझे बताते हो
'अ' के साथ तो उसका
काफ़ी दिनों तक चक्कर चला।
इसने तो उसे फँसाने की ख़ूब कोशिश की
पर वह तो उसकी क़िस्मत अच्छी थी, जो
वह बच निकला।
और 'ब' को तो तुमने अभी
दो महीने पहले ही हल्के अँधेरे के झुटपुटे में
फलाँ पार्क की बेंच पर
उसे 'किस' करते देखा है।
और 'स' के बारे में तो पूछो ही मत।
इसकी शक्ल की ताज़गी
ऐसे ही थोड़े ही न ख़त्म हुई है
'स' का बच्चा उसके पेट में था

और उसे अबार्शन करवाना पड़ा था।

तुमने एक साँस में 'अ', 'ब', 'स' की कहानी सुनाकर
उसके पूरे चरित्र के ग्राफ को खींच दिया।

तुम कहते हो वह एक 'चरित्रहीन' लड़की है
और उससे मुझे बचना चाहिए।

फिर थोड़ा रुककर तुम मुझे
समझाने की एक और कोशिश करते हो।

तुम उसके झुमके, बाली और लिपस्टिक को
पुरुषों को रिझाने की तरकीब कहते हो
और उसकी मृदु हँसी को तुम
कहते हो बेहयापन।

तुम्हें लगता है
मैं एक ग़लत लड़की के संग हूँ
एक ऐसी लड़की जिसका
हमारे मासूम दिलों से खेलना पेशा है।

दोस्त!
मैं जानता हूँ, तुम मेरे हितैषी हो
वरना आज के व्यस्त समय में कोई
दूसरे के बारे में
इतना कहाँ सोच पाता है।
तुमने मेरे लिए अपना कीमती वक़्त निकाला
इसके लिए मैं तुम्हारा शुक्रगुज़ार हूँ।
लेकिन तुम्हें इतनी मेहनत नहीं करनी पड़ती, यदि
तुम्हें सिर्फ़ इतना पता होता कि
मुझे यह पता है कि आज से

लगभग छह महीने पहले तुमने
उसके बहुत नज़दीक जाने की कोशिश की थी
और उसने तुम्हें डपट दिया था। —

छोटी खिड़की

जबकि इस बड़े शहर में
बड़े-बड़े घर हैं और
इन बड़े-बड़े घरों में हैं बड़ी-बड़ी खिड़कियाँ, तब
उसके हिस्से इस छोटे से घर में
छोटी खिड़की आयी है।
छोटी खिड़की,
जिससे दिखता है छोटा आसामान
चन्द तारे और बादल का एक टुकड़ा।

वह औरत उस छोटी खिड़की से
देखती है गली में, उस सब्ज़ीवाले को
देती है आवाज़ गली में खेलते अपने बच्चों को
और करती है इन्तज़ार काम पर से
अपने पति के लौटने का।

छोटी खिड़की कभी बन्द नहीं होती।

ज़रूरी है प्यार का बचना

वह कॉलेज का दौर था, जब हम
एक लड़के और एक लड़की को साथ देख
यह अनुमान लगाते थे कि
उनके बीच क्या है?

और चन्द दिनों के उनके साथ के बाद फिर
हम यह घोषित कर देते थे कि, अब
लड़की ने ग्रीन सिग्नल दे दिया है।

और फिर वे हमें अक़सर दिखने लगते थे साथ, कॉफी हाउस में
उत्पम खाते हुए,
लड़के की नज़र में ट्रॉफी जीतने जैसा भाव आ जाता था और
वह इधर-उधर की नज़रें बचाकर,प्लेट सरकाते हुए
अपनी अँगुलियाँ उसकी अँगुलियों से छुआने की
कोशिश करने लगता था
वे कभी हमें कॉरीडोर में साथ जाते दिखते थे
हमें पीछे देख किसी-न-किसी बहाने से
लड़का अपनी चाल धीमी कर लेता था, और
उसके साथ में लड़की भी।
फिर जब वे हमसे पीछे हो जाते और
हम उनसे आगे, तो
हमारी पीठ पर एक आवाज़ टँग जाती, कि
लड़का उसे अपनी बाँहों में समेटने की एक कोशिश करता।

कक्षा में अक़्सर अपने हाथ को
उसके हाथ पर तो वह रख ही देता, ऐसे जैसे
उसे इस बात का तो पता ही नहीं।

धीरे-धीरे उसके इस प्यार की ख़बर, एक
चर्चा बन जाती, और
घर वाले कोई-न-कोई वितंडा खड़ा कर
लड़की को कॉलेज छुड़ा देते, और फिर
वह प्यार वहीं ख़त्म हो जाता।
आज हम इसे
छोटे कस्बे का और पुराने ज़माने का प्यार कहते हैं।

क्योंकि अब ऐसे जोड़ों की कमी नहीं है, जो
अपने प्रेम और प्रेम-विवाह को
अपने भविष्य की दृष्टि से उठाया गया
एक उचित क़दम साबित करना चाहते हैं।
अपने प्रेम को लेकर अब वे
समाज के सामने डरते नहीं हैं, और न ही
डरने के कारण को समझ पाते हैं।
अब वे अपने प्रेम को जीवन के कठिनतम संघर्षों से जोड़ते हैं
और अपनी पसन्द की लड़की से प्रेम
और फिर विवाह को, जीवन को पटरी पर लाने के लिए
नितान्त ज़रूरी बताते हैं।

प्रेम के सन्दर्भ में जब तक
जड़ बना रहा समाज, तब तक
प्रेमी अपने प्रेम और इस बीच पनपे
अटूट विश्वास को लेकर करते रहे
डटकर मुक़ाबला

और अब जब
प्रेम और समाज की जड़ता की इस जंग में
जीत होती जा रही है प्रेमियों की, तब
समाज के घटते दबाव ने सबसे अधिक घाटा
प्रेमियों को ही दिया है।

यह भूलने के विरुद्ध है कि
जिस अनुपात में होता रहा था विरोध प्रेम का
उसी अनुपात में बढ़ती रही थी उसकी गहराई और गरमाई
अब उस स्थिति की मात्र कल्पना की जा सकती है कि
किस स्तर का प्रेम रहा होगा प्रेम करने वाले
उन जोड़ों के बीच, जो सिर्फ़ एक-दूसरे के विश्वास को साथ लेकर
भाग जाते थे, इस समाज से बहुत दूर
एक अलग दुनिया बसाने के लिए।

अब ऐसे जोड़े विरले ही मिलेंगे, जो खाते हो कसमें
साथ जीने और मरने की
और सिर्फ़ अपने प्यार को बचाने के लिए
हो जाते हों तैयार घर से भाग जाने के लिए।

अब प्रेम की ऊँचाई एक-दूसरे के लिए
जीना और मरना नहीं,
एक-दूसरे के साथ तरीके से रह जाना भर है।

अब जितनी बार प्रेमियों का जोड़ा
साथ भागने से करता है इनकार, उतनी बार
उसी अनुपात में, सूखते हैं इस धरती पर से आँसू
उतनी बार मुरझाता है फूल
और अन्ततः उतनी ही बढ़ती है
मनुष्य के बर्बर हाने की गुंजाइश।

ज़ाहिरा शेख

अगर जानना हो आपको
इस देश के लोकतन्त्र का
पोर-पोर,
और जानना हो कि
आख़िर मनुष्य
ईश्वरवादी कैसे हो जाता है

तब आप किसी हत्या का चश्मदीद गवाह बन जाएँ।

जेनैरेशन नैक्स्ट

दरवाज़ा खुलते ही, उसे
सामने सोफ़े पर पिता बैठे नज़र आये, शान्त।
ख़ुशी से चहक से उठे वो— "बैठो।"
दिनभर के ऑफ़िस की थकावट को
झाड़ते हुए अन्दर सुजाता से मिलने की
तीव्र इच्छा को दमन करते हुए
पिता के पास बैठ गया वह।
पिता ऑफ़िस की, घर की
ढेर सारी बातें करते रहे
और वह जवाब देता रहा।
लगभग आधे घंटे बाद
पिता के सन्तुष्ट चेहरे को देखते हुए
उठते हुए, उसने सोचा
यदि माँ जीवित होती तो
सुजाता के पास पहुँचने में
उसे आधा घंटा और लगता।

तुम्हारी अपनी संस्कृति

धड़धड़ाती चलती हुई ट्रेन में तुम
बारह रुपये का बोतल बन्द पानी पीकर
उस बोतल को 'क्रश' कर देते हो
क्योंकि तुम्हें याद है वह निर्देश
'क्रश द बोटल आफ़्टर यूज़।'
जिसे सम्भव है तुमने आज-अभी नहीं भी पढ़ा हो
परन्तु तुम्हें वह बेहतर याद है
क्योंकि इसे उसने तुम्हारी स्मृतियों में बसा दिया है।
उस स्मृति में, जहाँ बसती है तुम्हारी अपनी संस्कृति
उस तरह, जिस तरह है
तुम्हारी स्मृति में 'रामायण' और 'गीता'।
और तुम स्मृतियों के सहारे भी उनके
ग़ुलाम बनते जा रहे हो।

तुम जानते हो कि बाज़ार के पास
अपनी इच्छाओं को मनवाने के कई तरीक़े हैं।
तुम यह भी जानते हो कि अपने मिज़ाज में वह
शातिर है, और उसके पास
अपना ग़ुलाम बनाने के कई ट्रिक हैं।
तुम सब कुछ जानते हो
फिर भी तुम बच नहीं पाते हो।
तुम कुछ भला करने की कोशिश में फँसते हो।
पर तुम फँस ज़रूर जाते हो।

पर क्या तुम्हें पता है
इस तरह फँसते-फँसते विचार के मद में
उस बोतल की तरह ही तुम भी धीरे-धीरे रिक्त होते जा रहे हो
और जिस दिन पूरी तरह रिक्त हो जाओगे
तुम भी उस ख़ाली बोतल की तरह
बगैर कोई निर्देश के क्रश कर दिये जाओगे।

लेकिन अगर तुमने उन बच्चों की ओर
एक निगाह भर देख लिया होता, जिनकी
दो वक़्त की रोटी ही
इन बोतलों को दुबारा बेचकर चलती है
तो शायद तुम उनके आदेश का पालन करने से
कुछ मदों में बचे रह सकती थी, और
बची रह सकती थी कुछ और पल
तुम्हारी स्मृति में तुम्हारी अपनी संस्कृति।

दिल्ली में जगह तलाशते पिता

यह एक दृश्य है, जिसमें
झमाझम बारिश के बीच
दिल्ली की सड़क पर बस से उतर रहे हैं पिता
अपनी जवान बेटी का हाथ पकड़कर।

पिता के पास एक छतरी है, जिसका
रंग काला है और जिसे उठा लाये थे वे
दिल्ली की धूप से बचने।

इस दृश्य में छतरी से बारिश से
बचने की कोशिश कर रहे हैं दोनों और
बहुत हद तक इस गुंजाइश में
भीग रहे हैं पिता।

पिता, जो गाँव से आये हैं,
बेटी का दाख़िला करवाने,
वे जानते हैं
ज़माने की रफ़्तार और
उसमें दौड़ने की ताक़त की अहमियत।

इस दृश्य में
उस छतरी के भीतर सकुचा रही है,
उस पिता की जवान बेटी
पिता के कदम सधे हैं और
उनकी आँखें दिल्ली में जगह तलाश रही हैं।

दो पाटन के बीच में, साबुत बचा न कोय

उस दिन
जब मेरा ऐक्सिडेंट हुआ था
और मैं सड़क के किनारे बेहोश पड़ा था
और मेरे घुटने की हड्डी छिटक गयी थी
और मेरे सिर के पीछे से ख़ून रिस रहा था
तब वह 'अच्छा आदमी' मुझे मिला था।

तीन दिनों की बेहोशी के बाद, जब
हॉस्पिटल मे मुझे होश आया, तब
लोगों ने यह बताया था कि
उसने ही मुझे हॉस्पिटल पहुँचाया था
कि वह रोज़ मुझे देखने के लिए आता रहा था
कि वह रोज़ दो-तीन घंटे मेरे पास बैठता था
कि वह रोज़ हॉस्पिटल में बने मन्दिर में
मेरे लिए ईश्वर से प्रार्थना करता था।
उस चौथे दिन भी
जब मैं सो रहा था, तब
वह आया था
जब मेरी नींद खुली और
सिर के दर्द को मैं महसूस कर रहा था, तब
मुझे वह सामने स्टूल पर बैठा दिखा था।
मैंने देखा कि
वह निश्चल बैठा मेरे चेहरे को देख रहा था

कि उसके चेहरे पर एक स्थिरता थी
कि उसके चेहरे पर एक भावशून्यता थी।
उसने मुझसे मेरे दर्द का हाल पूछा
मैंने उसे यह कहते हुए धन्यवाद दिया
कि उसका अहसान मुझ पर बड़ा है।
अपने चेहरे को सपाट बनाते हुए
इस 'एहसान' को अपने से झाड़ने की कोशिश करते हुए
उसने यह कहा कि
इसकी कोई ज़रूरत नहीं है, यह तो मेरा फ़र्ज़ था।
उसने यह बताया कि
वह डॉक्टर से मिलकर आ रहा है, और
मुझे हॉस्पिटल से तीन-चार दिनों में छुट्टी दे दी जाएगी।

मुझे वह आदमी भला लगा
मैं दर्द के उस आलम में भी अन्दर से चहक उठा था और
उसी समय निश्चय कर लिया था कि
इससे दोस्ती गाँठ लूँगा
'ऐसे समय' में अच्छा आदमी भला मिलता कहाँ है?
मैंने जब उससे यह क़हा कि
वह भला आदमी है और अब भला आदमी मिलता कहाँ है, तब
अपनी तारीफ़ पर वह
काफ़ी बेचैन महसूस करने लगा था।
मैंने दोस्ती की जब उससे इच्छा ज़ाहिर की तो
वह भौचक हो गया था।
औचक ही उसका चेहरा पत्थर में बदलने लगा था।
उसने बड़े ही रहस्मय ढंग से देखते हुए,
मेरी दोस्ती के प्रस्ताव को परले दर्ज़े से अस्वीकार कर दिया, और
सख़्त और भारी चेहरे को लेकर
उठकर चलने लगा।

उसके उठते हुए मैंने देखा कि
वह उठ नहीं पा रहा है
कि उसके पाँव दो-तीन जगहों से टूटे हुए हैं
कि उसकी पीठ पर घाव के निशान हैं
कि जिसमें रिस रहे मवाद पर उसकी बुशर्ट चिपकी हुई है
कि वह दरवाज़े तक किसी तरह घिसट-घिसट कर पहुँच रहा था

हाँ, दरवाज़े पर जाकर वह एक बार रुक गया था
यह कहने के लिए कि
मेरे एहसान का ऋण सिर्फ़ इस तरह उतारना कि
मेरी एक सलाह को मान लेना
कि तुम कभी कोई भला काम नहीं करना।
कि मैंने तुम्हें हॉस्पिटल पहुँचा दिया, तुम कभी भी
किसी भी एक्सिडेंट किये हुए को कभी भी हॉस्पिटल नहीं पहुँचाना।
वरना तुम भी मेरी तरह घायल कर दिये जाओगे।
और
एक्सिडेंट से घायल किये हुए का तो इलाज भी है
इस तरह से घायल होने वाले का कोई इलाज है भी नहीं।

दौलत सिंह नारंग

सम्भव है
नहीं जानते हों आप दौलत सिंह नारंग को
आपने नहीं देखा हो उनकी आँखों का सूनापन
और आपने नहीं पढ़ी हो उनके मन की बेचैनी।

लेकिन आप उन्नीस सौ बीस-पच्चीस के करीब
पाकिस्तान के पंजाब में जन्मे किसी-न-किसी
दौलत सिंह को ज़रूर जानते होंगे
जिन्होंने झेला है विस्थापन का दर्द
और जिनको भारत आये लगभग साठ वर्ष हो गये
और आकाश में टिमटिमाते तारों की तरह
हर पल जिनकी आँखों में जस-का-तस टँगा है आज भी उनका पंजाब।

उन्नीस सौ सैंतालिस की वह एक अलसुबह थी, जब
उन्हें मजबूर किया गया
अपने बसे-बसाये घर को छोड़ने के लिए, अचानक
फिर वे नहीं ला पाये अपने साथ अपने
पिता का गुड़गुड़ा
और न ही अपनी माशूका की वह तस्वीर जो
उन्होंने छिपा रखी थी अपनी किताबों के बीच।

यह किसी तानाशाह की तानाशाही नहीं थी
और न ही उनके किसी घृणित जुर्म की कोई

कठोर सज़ा
यह उनके किसी इबादत का फल था
जो हो गयी थी कबूल अनायास
वह इबादत जो उन्होंने माँगी थी अपने ईश्वर से
अपने मुल्क की मुक्ति के लिए
ताकि महसूस कर सकें बसन्ती हवा के झोंको को
वह अपने बदन पर खुलेआम
और सुन सकें चिड़ियों की चहचहाहट को
अपने कानों से कलरव की तरह।

उस अल-सुबह का पंजाब ज्यों-का-त्यों है
उनकी आँखों में आज भी
स्टील फोटोग्राफी की तरह।
और तब से ही आज तक महसूस किया है उन्होंने
अपनी ज़िन्दगी में एक फड़फड़ाहट अपने उस
जगह-ज़मीन को एक झलक देख लेने की।

उन्हें लगता है आज भी वहाँ वैसे ही मिल जाएगा
दो आने में भर पेट भोजन
वे सोचते हैं आज भी वैसे ही होगा उनका अपना घर
सिर्फ़ जंग पड़ गया होगा ताले में
सीलन आ गयी होगी सिर्फ़ दीवारों में
और दीमक ने खा लिया होगा उनके उन
अलमारियों को जिस पर रखी किताबों में है उनकी
माशूका की वह श्वेत-श्याम तस्वीर।

मुश्क़िल से दस-पन्द्रह वर्ष और
और ज़्यादा-से-ज़्यादा बीस वर्ष और
बची रह पाएगी पंजाब की यह यादें
और बीस साल बची रह पाएगी
हमारी यह संस्कृति

फिर आप नहीं जान पाएँगे,
एकबारगी अपने घर के छूटने का दुख
आप नहीं जान पाएँगे उन दर्दों के बीच अपने को सहेज लेने का वह जज़्बा
आप जान पाएँगे विस्थापन के दर्द को महज़ तब
किताबों के पन्नों पर।

मैं जानता हूँ
उनमें से एक दौलत सिंह नारंग को
जो ढूँढ़ना चाहते हैं, वे पल, जब महसूस कर सकें
सिर्फ़ एक बार वे देश की आज़ादी की खुशबू
जब वे किसी भी एक देश के साथ
महसूस कर सकें आत्मीयता और
जहाँ से मृत्यु पर उन्हें हो अफ़सोस
उसके छूट जाने का।
मैं जानता हूँ, उस
दौलत सिंह नारंग को, जो पिछले कई वर्षों से
अपनी ज़िन्दगी की तमाम कमाई को इकट्ठा कर
लगा रहे हैं वीजा के दफ़्तर के चक्कर
और जो अपनी मौत को चाहते हैं टालना
वीज़ा मिलने तक।

मैं कहता हूँ आप जाएँ वीज़ा के दफ़्तर
आपको मिल जाएँगे वहाँ कोई-न-कोई दौलत सिंह
जिनकी आँखों में भी वही भूख होगी
और जो वर्षों से भटक रहे होंगे
और जो माँग रहे होंगे अपने घर को मात्र देख लेने का एक अदद अवसर।
वे मिल जाएँगे अपको वहाँ
इन प्रश्नों के जवाब तलाशते कि आप वहाँ क्यों जाना चाहते हैं?
कौन है आपका वहाँ?
वहीं क्यों जाना चाहते हैं आप?
वे मिल जाएँगे वहाँ आपको इसका प्रमाण ढूँढ़ते कि

मैं कैसे मान लूँ कि आप नहीं जा रहे हैं
वहाँ कोई आतंक फैलाने?

आप या कि मैं अगर एक भी
दौलत सिंह के बारे में यह प्रमाणित कर पायें कि
कैसे पिछले साठ वर्षों से गूँज रही है उनके कानों में
अपने घर की बैठक में पिता की वह आवाज़, तो
यही उनकी सबसे बड़ी मुक्ति है।

नज़रिया

उस दिन जब,
तेज़ बारिश में भीगकर
पैसेंजर रेलगाड़ी में चढ़ रहे थे हम,
तब रेलगाड़ी की उस भीड़ में,
हमारे चेहरे पर एक खीझ थी।

इस भीड़ को चीरकर
छोटी खिड़की के बाहर
खेत को देखकर मुस्करा रहा था वह किसान
खेत में ख़ूब नमी हुई
अब अच्छी होगी रोपनी।

निर्णय बदले जाने की है यह एक शुरुआत

उसे भरोसा था अपनी प्रतिभा पर, लेकिन
जब एन निर्णय का वक़्त आया, तब
निर्णायकों ने घोषित कर दिया, उसे
अयोग्य।
नहीं भायी उन्हें उसकी प्रतिभा और
उसकी मेहनत और लगन।
निर्णायक नहीं जानते थे उसके बारे में
इसके इतर कुछ भी
और न ही किसी ने ख़ासतौर से
बताया था उसके बारे में और भी कुछ।
अयोग्य साबित होकर यूँ निर्णय-स्थल से उसका लौटना
उसका नहीं, इतिहास की पराजय है,
क्योंकि इस रुग्ण दुनिया को कम-से-कम टिकाये रखने के लिए
तब भी और अब भी सबसे पहले ज़रूरी है— प्रतिभा।

प्रतिभा और योग्य साबित होने के बीच
प्रवेश करता जा रहा है अब
बहुत कुछ

निर्णायकों के लिए अब
जितना आसान है कुर्सी पर बैठना
उससे अधिक आसान है
निर्णय सुनाना।

अब निर्णय बर्फ़ की उस सिल्ली की तरह है
जिसे आग दिखाओ तो वह
पानी बन बूँद-बूँद टपकेगा।
जब आज बदलने की प्रक्रिया
चल निकली है, और
बस स्टॉप पर बस के इन्तज़ार में खड़े
यात्री के पीछे की होर्डिंग का विज्ञापन
महज़ बस के आने तक में बदला जाने लगा है
तो इस बदलने की प्रक्रिया में सबसे पहले
मनोवृत्तियाँ बदली हैं।
यह कहना ठीक है कि, कुछ रचनाएँ
समय के थपेड़ों की उपज हैं
और जो लिखीं जा सकती थीं,
महज़ तब ही, जब वह लिखीं गयी थीं
भला जुम्मन मियाँ अब
कहाँ डिग पाते अपने ईमान पर।

सम्भव है झेलते-झेलते निर्णायकों की दी
अयोग्यता
आप ख़ुद भी सीख लें
सफल होने के पैंतरें
और ढूँढ़ लें एक कद्दावर आदमी
जो उन्हें बता सके आपकी प्रतिभा
और सफल होने के लिए और भी बहुत कुछ।

लेकिन मेरी गुजारिश है आपसे
अगर कुछ बचा सकते हैं आप अपने भीतर
तो बचाएँ अपने अन्दर वह आग
जो आपके भीतर जलती रही थी

अयोग्यता को झेलने की स्थिति में
ताकि जब आप आ जाएँ
निर्णायकों की श्रेणी में
तब आप एक दिन अचानक से
कर दें विद्रोह
और किसी प्रतिभावान के चेहरे की लाली को देखकर
कह दें आप कि अब लाल रंग की बहुत ज़रूरत है ज़िन्दगी को
और फिर किसी अदने से आदमी को
सिर्फ़ प्रतिभा के बल पर कह दें आप नायक।
सम्भव है तब भी नहीं बदले निर्णय
लेकिन अवश्य है निर्णय बदले जाने की
यह एक शुरुआत।

प्रधानमन्त्री की पहचान

मैंने पत्रिका के चमचमाते पृष्ठ को
उसकी ओर आगे बढ़ाया
उसकी आँखों में किसी अक्षर की
समझ नहीं थी
उसने उन रंगीन तस्वीरों को देखा
और एकबारगी
पहचान लिया—
करीना कपूर
शाहरुख़ ख़ान और यह
अमिताभ बच्चन।

मैंने पत्रिका के पृष्ठ को
पलट दिया,
उसकी आँखों में चमक बरकरार थी
उसने हाथ को बिल्कुल बल्ले की तर्ज पर
घुमाते हुए कहा
सचिन तेन्दुलकर, सौरभ गांगुली।

मैंने पत्रिका के पृष्ठ को
अन्तिम बार पलटा
यह एक बड़ी-सी तस्वीर थी,
अब धूप की रोशनी सीधी
उस पत्रिका पर आ रही थी,

उसने बहुत कोशिश की, लेकिन
वह पहचान नहीं पाया
वह इस देश के प्रधानमन्त्री की तस्वीर थी।

वह छत्तीस वर्ष का असम का युवक था,
जो दिल्ली से पैसा कमा कर
अपने घर लौट रहा था
उसकी पैंट की अन्दर वाली जेब में
उसके पसीने की कमाई के
कुछ रुपये थे और
उसके साथ था एक रेडियो और पत्नी और
बच्चों के लिए कुछ कपड़े।
वह छत्तीस वर्ष का युवक था
जबकि इस देश में मतदान करने के अधिकार की
निम्नतम आयु सीमा मात्र अठारह वर्ष है।

वह शायद यह भी नहीं जानता था।

प्रेम का यथार्थवाद

मैं आज प्रेम में हूँ।
लेकिन तब यह मतलब कदापि नहीं है कि
मैं हवा में उड़ रहा हूँ।
तब यह भी मतलब नहीं है कि
अपनी गोद में रखे हुए उसके सिर को मैं
ढेर सारे फूलों से सजा रहा हूँ।
तब ऐसा नहीं है कि
मैं जागते हुए स्वप्न देख रहा हूँ,
और अपने स्वप्न में ऐसे घर या ऐसे
संसार की कल्पना कर रहा हूँ जहाँ
सिर्फ़ मैं और वो रहें।
तब ऐसा भी नहीं है कि
मुझे राह चलते वह सामनेवाला पत्थर
नहीं दिखता और मैं ठोकर खा जाता हूँ।
लेकिन तब ऐसा भी नहीं है कि
मैं प्रेम में नहीं हूँ।
चूँकि हम वास्तविकता के धरातल पर
जीने वाले प्रेमी हैं
अतः मेरी प्रेमिका को 'फ़ुरसत' नहीं है।
सफल होने के लिए
'फ़ुरसत नहीं होना' बेहद ज़रूरी है।
और प्रेम को सार्थक बनाने के लिए
सफल होना बेहद ज़रूरी है।

मेरे पास 'फ़ुरसतों' की कमी नहीं है।
इसलिए मैं अपनी प्रेमिका से
कुछ कम सफल हूँ,
जबकि यह मैं जानता हूँ कि
यह 'कुछ कम सफल होना ही' कहीं
मेरा प्रेम में पिछड़ जाने का कारण न बन जाए?
क्या तब भी मैं कह पाऊँगा कि
मैं आज प्रेम में हूँ?

भाग गयी लड़की, जो प्यार नहीं करती थी

उस लड़की का अभी कहीं पता नहीं है, जो
एक दिन भाग गयी है अचानक
उस लड़के के साथ जो अक़्सर, उस मोहल्ले और उस घर के इर्द-गिर्द
अपनी मोटरसाइकिल फिराता दिखता था

अब याद कर रहे हैं, उस मोहल्ले के लोग
उस लड़के की शक्ल, जिसे कि
हमेशा नकारा समझकर जल्दबाज़ी में
देखा था सभी ने।
किसी को उसकी मूँछे याद हैं, तो
किसी को उसकी लम्बाई और, किसी को
उसकी मोटरसाइकिल का मॉडल।
उस लड़के की शक्ल सबसे ज़्यादा याद है
उस भागी हुई लड़की की माँ को जिसने
सबसे अधिक ध्यान दिया है उस लड़की पर
जिसने भागने के ठीक पहले
दी थी माँ को पानी के साथ दमे की दवा
और उसके सोने से ठीक पहले दबायी थीं उसकी टाँगें।

लोगों ने अन्दाज़ लगाने की कोशिश की है
भागने का स्थल और तरीक़ा
और लोगों को दिखने लगी है
लड़के की मोटरसाइकिल के पीछे बैठी वह लड़की

गुमसुम और चेहरे पर दुपट्टा लपेटे।

वह लड़की जो भाग गयी है, चेहरे पर
दुपट्टा लपेटकर, उसका पहले भी एक प्रेम था
इसी मोहल्ले में।
उसका वह प्रेम टूट गया इसलिए, क्योंकि
उस लड़के के घरवालों ने देख लिया था
दोनों को छुप-छुप कर मिलते हुए
और फिर लड़के ने स्वीकार कर लिया था
घरवालों की मर्ज़ी से कहीं और रिश्ता।

लड़की ने अपने इस पहले प्रेमी के साथ भी
कोशिश की थी घर से भाग जाने की कई बार, लेकिन
लड़के ने कर दिया था इनकार, और
फिर लड़की हो गयी थी इस मोहल्ले में
बदनाम।

इस बदनाम लड़की को ज़्यादा वक़्त नहीं लगा
दूसरा सहारा ढूँढ़ने में
और इस बदनाम लड़की ने ज़्यादा वक़्त नहीं लगाया
इस नकारा लड़के के साथ भाग जाने में
जिसकी शक्ल पहचानने की
की जा रही है कोशिश आज।

वह लड़की जो भाग गयी अपने चेहरे पर
पीला दुपट्टा लपेट कर
वह प्रेम में पड़कर भागी है
ऐसा नहीं है
उसे भागना था, इसलिए वह भाग गयी है।

वह लड़की जो भाग गयी है, कभी नहीं लौटने के लिए
वह अपने पहले प्रेमी से
प्यार नहीं करती थी, और न ही उससे
जिसके साथ उसने भागने का लिया निर्णय दुबारा।
लड़की भागी हो चाहे जिस कारण, अक़्सर
समझा जाता है कि वह प्रेम में पड़कर ही
भागी है।

उस लड़की को भागने में सबसे बड़ा सहारा
अपनी माँ का मिला
जिसकी पाँच जवान बेटियाँ हैं,
वे पाँच जवान बेटियाँ, जिनके पिता नहीं है और
जिनके पास इतने ही पैसे हैं कि ढँक सकें
वो अपनी इज़्ज़त

वह लड़की जो भाग गयी
अपनी माँ का सहारा लेकर
उसका कहीं पता नहीं है
माँ सोचती है, जब पता नहीं है, तब अच्छा है
इससे कि पता यह चल जाए कि
उस लड़के ने उसे बेच दिया दूर किसी शहर में
वहाँ, जहाँ नहीं जाते
कोई पिता, कोई भाई या फिर
कोई मनुष्य।

माँ सोचती है,
अभी भी उसकी चार जवान बेटियाँ हैं।

भीड़ अब देश की ताक़त नहीं

भले ही उसने आपको
सरेआम लूट लिया हो,
परन्तु यदि आप दबे स्वर में भी
यह कहेंगे कि, उसने आपको चीट किया है,
तब वह आपसे सबूत माँगेगा।
और आप हार जाएँगे।
आप तब जिस भीड़ को देखकर हिम्मत कर रहे होंगे,
वह एक ठंडी भीड़ है
जिनकी आत्माएँ मर चुकी हैं, और जो
निकले हुए हैं सड़क पर दो वक़्त की रोटी और
एक अदद अवसर के लिए।
जबकि, जिनके विरुद्ध आप खड़े हैं, उनका
अपना एक कुनबा है, और
जिनके भीतर एक ग़ज़ब की यूनिटी है।

इस भीड़ को ठंडा किसने बनाया
किसने मारा उनकी आत्माओं को
अभी कुछ दिनों तक पूछा जाएगा यह प्रश्न
फिर एक दिन ऐसा आएगा, जब
वह भीड़ आपको भी अपने में समेट लेगी
तब मर जाएगी आपकी भी आत्मा
और प्रश्न पूछने की ताक़त।

एक वक़्त था जब यह भीड़
देश की ताक़त थी और
जब यह इकट्ठी होती थी तब
सत्ता को बदलनी पड़ती थी अपनी लोकविमुख नीतियाँ।
अब यह भीड़ एक ऐसी भीड़ हो गयी है, जो
धीरे-धीरे तब्दील होती जा रही है
उपभोक्ताओं की एक श्रेणी में, और जिसे
तैयार किया है बाज़ार ने
अपनी प्रयोगशाला में, अपने मुनाफ़े के लिए।
अब यह भीड़ नहीं जुटती है कभी भी सत्य के लिए
और न ही कभी फ़रियाद के लिए
अब यह जुटती है
अन्याय को न्याय साबित करने के लिए
अपने धर्म की रक्षा के लिए
और किसी ताक़तवर को अपना नेता चुनने के लिए।

जब उसने फैलाना चाहा अपना साम्राज्य
तब नहीं तोड़नी पड़ी उन्हें
इनकी रीढ़ की हड्डी और न ही
करना पड़ा इनके साथ उन्हें कोई वहशीपना
बस, सबसे पहले उसने मुश्क़िल कर दी उनकी रोटी की जुगत
बन्द कर दिये उनकी फ़सलों के लिए मंडी
और घोषित कर दिया उन्हें इस
नयी दुनिया के लिए अयोग्य
फिर उन्हें कुछ नहीं करना पड़ा
मर गयी अपने आप उनकी आत्माएँ
और कुन्द पड़ गयी अपने-आप
सोचने-समझने की उनकी ताक़त
अब उन्हें नहीं पता है कि वे
न्याय के पक्ष में हैं या अन्याय के।

मैं सोचता हूँ
इनकी ज़िन्दगी में अगर एक दिन भी ऐसा आ जाए
जब आभास हो जाए इन्हें अपनी ताक़त
और वे बदल जाएँ उपभोक्ता से एक बार फिर
क्रान्तिकारी में अचानक
और घोषित कर दें यह, कि वे
नहीं रह सकते हैं अब एक पल भी
इस घुटन भरे माहौल में
और वे निकल पड़ें पलटने के लिए तख़्त
तब क्या होगा इनके साथ?
सच कहूँ—
उन्हें गोली दाग दी जाएगी
और बचे हुए लोगों से छीन लिये जाएँगे
उनके सूक्ष्म अवसर।

युद्ध

युद्ध के बारे में अब सोचना
इतिहास के बारे में सोचना है, क्योंकि
अब युद्ध नहीं होते...

अब तो बस लोग मार दिये जाते हैं।

यह वह क्यों नहीं समझ पाती?

आज मैंने वह एक जो पुस्तक पढ़ी है
उस पुस्तक के किसी भी तथ्य को
अपने ज़ेहन में मैं नहीं रखना चाहता हूँ।
चाहता हूँ
उन क्षणों को अपने जीवन से निकाल
फिर वहीं पहुँच जाना,
जब मैं उस पुस्तक का
बिना पढ़ा हुआ पाठक था।
पर कहाँ हो पाता है ऐसा?
उस पुस्तक का हर एक शब्द
मेरा पीछा कर रहा है।
हर एक पात्र सुख-दुख
जैसे मेरे हृदय में अंकित हो गये हैं।
उन पात्रों की ख़ुशी
जहाँ मुझे आज भी आह्लादित कर रहे हैं
वहीं उनका दुख मुझे आज भी
ग़मगीन बना डाल रहा है।
इस पृथ्वी को छोड़ दूसरे ग्रह पर भी
चला जाऊँ तब भी क्या ये बातें
मेरा पीछा छोड़ पाएँगी।
जीवन में जो घटित हो गया है
उसे पोंछना क्या सम्भव है?
फिर यह वह क्यों नहीं समझ पाती है?

रामदास–2

(रघुवीर सहाय की स्मृति में)

उसक एक हाथ कटा हुआ था, और
उसकी मृत्यु बस से कुचलकर हुई थी
—दिल्ली के अख़बार की यह एक रपट है।
कहते हैं, कोलकाता में जब हाथगाड़ी खींचने पर
प्रतिबन्ध लगने वाला था, तब वह
भविष्य की उन आशंकाओं को ध्यान में रखते हुए
रोज़गार की तलाश में दिल्ली आया था।
दिल्ली, जो सपनों और सम्भावनाओं का
शहर है,
जहाँ कहते हैं कि पैसे सड़क पर बिछे हुए हैं
सिर्फ़ चुनने की समझ आनी चाहिए।

दिल्ली से उसके भी ढेरों सपने जुड़े थे
उनके वे सपने, जिनमें
उसकी सुखी पत्नी थी और खेलते-कूदते मौज लेते बच्चे थे।
उन सपनों में उनके वे परिवार थे, जो
कई दिनों तक बगैर कुछ खाये
कोलकाता की सड़क की पटरियों पर रात में जागकर
करवटें बदला करते थे।
पर, इस स्वतन्त्र और परमाणु सम्पन्न भारत में
अपने परिवार को एक दिन
भरपेट भोजन करा देने का उसका वर्षों का ख़्वाब

वह सोचता था शायद,
दिल्ली में पूरा होने वाला है।
उस दिल्ली में जो इस देश के लोकतन्त्र का मठ है।
पर दिल्ली की रफ़्तार उसे रास नहीं आयी।
रोज़गार की ढेरों कोशिशें वह हर दिन करता रहा
और हर दिन असफलता उसके हाथ आती रही
और इसी खोज में, एक दिन
बस से कुचलकर उसकी मृत्यु हो गयी
एकदम लावारिस मौत!

उस दिन जब वह
बस के पिछले दरवाज़े से चढ़कर
बस की तेज़ रफ़्तार में भागने वाली भीड़ में
शामिल होना चाहता था,
तब उसके साथ यह हादसा हुआ था।
अपने एक हाथ से दरवाज़े के हत्थे को पकड़कर
उसने अपने शरीर को ऊपर खींचने की कई बार
असफल कोशिश की थी।
लेकिन बस की रफ़्तार ने, अन्दर खींचने की बजाय
उसे बाहर फेंक दिया था।

बस में बैठे यात्रियों के पास उसके लिए तब
संवेदनाओं के कई शब्द थे
कुछ ने कहा
'पता नहीं इन बसवालों को कहाँ पहुँचने की जल्दी रहती है'
कुछ ने अति उत्साह में यहाँ तक कहा—
'अपाहिजों के लिए दिल्ली की रफ़्तार तो है ही नहीं,
जबकि यह देश अपाहिजों से अटा पड़ा है।'

अख़बार के पाँचवे पृष्ठ पर सुबह मैंने
यह एक छोटी-सी रपट पढ़ी थी—

‘बस से कुचलकर एक की मौत’।
लेकिन यह रपट मेरे लिए तब
सामान्य से भी सामन्य थी, क्योंकि
प्रथम पृष्ठ पर ही मैंने
पढ़ लिया था कि ‘सैंसेक्स अपनी रिकार्ड ऊँचाई पर
और उसने नौ हज़ार के आँकड़े को भी पार कर लिया।’
तब मैं बेहद ख़ुश था क्योंकि
मात्र एक वर्ष पहले लिया गया ओएनजीसी का शेयर
छह सौ पच्चीस रुपये से बढ़कर
नौ सौ पैंतालीस रुपये हो गया था
एक शेयर पर अगर तीन सौ बीस रुपये की बचत तो
एक हज़ार शेयर में कितना?

यह एक विकासशील राष्ट्र की तस्वीर है
जहाँ लाखों रुपये के मुनाफ़े में
बस से कुचलकर हुई एक की मौत काफ़ी छोटी है।

लेकिन विकास की इस दौड़ में जैसे
आज यह तय कर पाना कठिन है कि हम
पहले सन्तुष्ट थे या अब, उसी तरह
यह निर्णय कर पाना भी कठिन है कि
इस बार हुई रामदास की मृत्यु
महज़ एक हादसा है या एक सुनियोजित हत्या?

लड़कियाँ अब प्यार नहीं चाहतीं

मेरे लाख मनाने पर भी वह
आने की अगली तारीख़ मुकर्रर नहीं करती है।
लेकिन बस पर चढ़ने और
उसके चलने तक मैं उसके अन्तिम इशारे की रोज़ प्रतीक्षा करता हूँ।
बस पर चढ़ते हुए, या फिर
सीट पर बैठ खिड़की खोल धीरे-से
मुँह बना प्राय: हर बार वह कहती है—'परसों'
जिसे सम्भव है कि मैंने भीड़ की कोलाहल में न सुना हो, लेकिन
उसके मुँह के इशारे से अगली तारीख़ मैं समझ लेता हूँ।
हर परसों के परसों वह ऐसा ही करती है
और यह सिलसिला दो वर्षों से अनवरत चलता आ रहा है।

हज़ारों-लाखों प्रेमियों की तरह मैं भी
हर दिन प्रेमिका के साथ को तरसता हूँ
और हर दिन मिलने के ढेरों बहाने बनाता हूँ
उनमें आधे बहाने सफल होते हैं और आधे असफल
उन सफल बहानों को सफल बनाने में
मेरी प्रेमिका का हाथ है, तब जबकि
वह मुझे अपना प्रेमी नहीं मानती है।

मेरी सफलता के हर छोटे-छोटे स्टेप पर, वह
चिहूँक उठती है और कहती है
तुम्हें मैं वहाँ, शिखर पर देखना चाहती हूँ।

मेरे व्यक्तित्व की उन तमाम अच्छाइयों में से वह
रोज़ कुछ-न-कुछ बीनती है और—
उसे सँजोकर रखना चाहती है, जिसे मैंने हमेशा
आम के बौरों की तरह बगीचे में यूँ ही
बिखर जाने दिया था।

उसकी हँसी बड़ी मृदुल है।
मेरे साथ वह हाथ को अपने मुँह पर रखकर
खुलकर हँसती है
मेरे साथ बैठकर वह
बहुत ही सहज होकर अपने बालों में
अपनी अँगुलियाँ फिराती है
हाँ-ना करने का उसका अपना एक
अलग अन्दाज़ है।
अपने सिर को हाँ या ना में हिलाये बग़ैर
वह इसके लिए मुँह से एक ख़ास तरह की ध्वनि निकालती है
जिसे मुझे टेलिफोन के इस पार होते हुए भी
बहुत ही मुश्किल से समझना पड़ता है।
एक सामान्य प्रेमी की तरह उसकी ये सब हरक़तें
हर दिन मेरी ज़िन्दगी बना जाती है
किन्तु वह एक असामान्य प्रेमिका है
इसलिए वह चाहती है कि
मैं संयमित रहूँ।
इसे वह अपना नेचुरल फेनोमेना कहती है और
अपेक्षा रखती है कि उसकी इन अदाओं पर बग़ैर रीझे
मैं उसके साथ रहूँ।

वह कहती है
इस धरती पर सबसे अधिक विश्वास मैं तुम पर करती हूँ
वह कहती है
सबसे अधिक आरामदेह मैं तुम्हारे साथ होती हूँ

वह कहती है
इस दुनिया में सबसे अधिक मैं तुम्हारी बातों को मानती हूँ
एक लड़के की नज़र में, ये वे पैमाने हैं,
जिन पर परखकर वह अपनी ख़्वाबों की दुनिया में
एक सामान्य लड़के से उसके प्रेमी के रूप में
अपने को तब्दील करता है।
पर वह फिर भी कहती है कि
मैं तुमसे प्रेम नहीं करती हूँ।

उस पर दोनों ही ओर से विश्वास करना
एक धोख़े के समान है।
उसकी बातों के आड़े, उसकी स्वाभाविक हरकतें आती हैं।
परन्तु वह सहज होने और प्यार करने में एक
फाँक घोषित करती है।

यह बात अभी काफ़ी पुरानी नहीं हुई है, जब
वय:सन्धि में लड़कियाँ, अपने प्रेमी के रूप में
एक ऐसे साथी की तलाश में निकल पड़ती थीं, जिस पर
वह सबसे अधिक विश्वास कर सके, और
जिसकी बाँहों में वह दुनिया की तमाम चिन्ताओं से निजात पा सके।
ऐसे लड़के मिलते ही लड़कियाँ अपने को बिल्कुल
ढीला छोड़ देती थीं, और अपने पतंग की डोर
अपने उस प्रेमी के हाथ में थमा
ख़ुद आकाश में फर्र-फर्र कर उड़ने लगती थीं।

लेकिन अब लड़कियाँ प्रेम में संघर्ष चाहती हैं।
उनके लिए प्यार अब एक मैराथन की तरह है,
जिसमें वह हार कर प्यार करना चाहती है।
अपनी जवानी के अन्तिम पड़ाव तक वह लड़कों से
टकराना चाहती हैं

तब तक वह टकराना चाहती हैं, जब तक कि
एक बोझ की तरह शादी उस पर लादा न जाने लगे।
तब वह मैराथन के उस रेस के
उस अन्तिम लड़के को मौक़ा देना चाहती हैं, जो उस वक़्त उसके पास है।
अपनी शक्ति का वह प्रयोग करती है और
लड़कों को छाँटने और चुनने के वीटो पॉवर का इस्तेमाल करना चाहती हैं।
लड़कियाँ अब अपने सामने एक ऐसे पुरुष को चाहती हैं, जो
उसके सामने, उसकी अदाओं पर
बर्फ़ की सिल्ली की तरह पिघलकर बूँद-बूँद कर टपक नहीं जाए।
वह ऐसे पुरुष को नहीं चहती हैं जो यह कहे कि
मैं तुम्हें प्यार करता हूँ और
तुम्हें पाने के लिए मैं कुछ भी कर सकता हूँ
बल्कि वह ऐसे पुरुष को चाहती हैं जो यह कह सके कि
तुम्हारी प्रतिभा अद्‍भुत है,
मैं तुम्हारे साथ जीवन निर्वाह करना चाहता हूँ।

लड़कियाँ अब प्यार नहीं चाहतीं,
वह टिकने के लिए एक कन्धा भी नहीं चाहतीं
वह चाहतीं है अब एक ऐसा जीवन साथी जिसके साथ
वह कदम-से-कदम मिलाकर दौड़ सकें।

लोकतन्त्र, सतर्कता और किस्त में मिली मृत्यु

अब जीवन में,
हर पल सतर्क रहने की ज़रूरत है।

सैलून में शेविंग करवाने जाएँ
तो आप सतर्क रहें
पुराने ब्लेड को उसने बदला या नहीं आप चैक कर लें।
आपको एड्स हो सकता है।
रास्ते पर चलते हुए आप
पूरी तरह कॉन्शस रहें
किसी रईसजादे की चमचमाती कार
आपको कभी भी कुचल सकती है।
सुनसान गलियों से गुज़रते हुए भी
आपको सतर्क रहना होगा
आपकी घड़ी और जेब में पड़े कुछ रुपयों के लिए
आप पर चाकू से वार किया जा सकता है।

जीवन का हर-एक पल अब
सतर्कता की माँग करता है
ठीक उसी तर्ज पर
'सावधानी हटी दुर्घटना घटी'

लेकिन आपके हर पल सतर्क रहने से भी
कुछ नहीं हो सकता

आपकी मृत्यु निश्चित है
चूँकि आप जीवित हैं
इसलिए आपकी मृत्यु निश्चित है।
आपकी हत्या ऊपर से ही कर दी जाएगी।
और कर दी क्या जाएगी
रोज़ की जा रही है
और आपको पता भी नहीं चल पाता है।

लालक़िले का रामलीला मैदान

वे जो रैली में आये हैं
उन्हें पता है इस देश का भविष्य
वे जानते हैं इस तरह इकट्ठा होने, और
ज़ोर-ज़ोर से नारा लगाने का मतलब।

उन्हें याद है सभी पार्टियों के चुनाव-चिह्न
सभी पार्टियों के शीर्ष नेताओं के नाम
और उन्हें याद है नारा लगाने के फार्मूलाबद्ध जुमले।

वे जो रैली में आये हैं
वे इस देश का एक ख़ास वर्ग हैं
जिन्होंने कभी चिकनी सड़कें नहीं देखीं
जिन्होंने कभी नहीं जाना डेढ़ सौ रुपये में एक सिनेमा का टिकट
और जिन्होंने कभी महसूस नहीं किया हँसने की यूँ कठिन क़वायद।
वे इस देश का एक ख़ास वर्ग हैं
जिन्होंने दिल्ली का नाम सिर्फ़ रेडियो पर सुना है
और जिनके पास न्यूनतम रोज़गार गारंटी योजना के बाद भी
रोज़गार नहीं है
और जिनके पास सिर्फ़ अपना श्रम है
और वे रैली में जाने को अभिशप्त हैं।

वे नहीं जानते हैं इस देश की आर्थिक विकास दर
वे नहीं जानते हैं सैंसेक्स की उछाल का मतलब

उन्हें नहीं मालूम है ग़रीबी रेखा के नीचे रहनेवालों की संख्या
और उन्हें नहीं मालूम है एक वर्ष में बने नौ हज़ार नये करोड़पतियों का आँकड़ा
लेकिन वे इस देश का एक ख़ास वर्ग हैं
जो जानते हैं इस देश का सपाट भविष्य
जो जानते हैं सत्ता हस्तान्तरण का मतलब
और जो जानते हैं इस देश में ख़ुश रहने का अन्दाज़
और जिनको जानना इस देश को जानना है।

वे जो रैली में आये हैं
उन्हें रैली से छूटते ही कुतुबमीनार और लोटस टैम्पल देखने जाना है
वे शायद इंडिया गेट और संसद भवन को भी
नज़दीक से देखेंगे आज।

वह : पाँच कविताएँ

एक

चाहे आप लाकर रख दें
अपने ड्राइंग हॉल में सोफ़ा और बिस्तर से लेकर
पायदान तक
और अपने रसोईघर में
आटा और चावल से लेकर जीरा-मरीच तक
जब तक इन सामानों के बीच से
नहीं झाँकेगी वह
घर-घर नहीं बनेगा।

दो

वह सितारों को देखती है, और
उसे अपनी मुट्ठी में भींच लेना चाहती है
लेकिन जब आप भी
उन सितारों की ओर देखेंगे और
उसे अपनी मुट्ठी में भींच लेना चाहेंगे
तब वह सिमटकर
आपकी बाँहों में आ जाएगी।

तीन

उसे पसन्द आता है
शीशे के सामने घंटो खड़े होकर ख़ूब
सजना और सँवरना

वह देखना चाहती है आपकी आँखों में
अपने लिए वही ताज़गी, जो थी कभी
आपकी आँखों में उसे पाने के लिए
जिस दिन आपकी आँखों से मर जाएगी
वह ताज़गी
अपने मन के भीतर वह ढेर सारे काँटे उगा लेगी।

चार

वह छोड़ देगी आप पर
अपनी ज़िन्दगी और ज़िन्दगी के सारे बड़े निर्णय
वह झोंक देगी अपने को
घर, परिवार और रसोई के बीच
ऐसा महसूस होने लगेगा जिस दिन
नहीं पता है उसे घर की देहरी से बाहर
देश और दुनिया की कोई भी तरकीब, तब
वह एक दिन आपकी ज़िन्दगी के सबसे अहम सवाल का
उत्तर दे देगी।

पाँच

उसे बचपन से सिखलाया जाता है
आपके पदचिह्नों पर चलना
वह ख़ुद सीख लेती है, धीरे-धीरे
अनुशीलन
और उसे पसन्द आने लगता है
आपकी छाती में अपना सिर गड़ा कर
सुकून लेना
लेकिन अगर आप उससे कह दें
पीछे चलना ही तुम्हारा धर्म है, तब
उसकी गहरी आँखें सुर्ख हो जाएँगी।

वह औरत अब भी इन्तज़ार कर रही है

सड़क किनारे बैठी उस
भुट्टा बेचने वाली औरत की ओर जो
शराब पीकर झूमता हुआ आदमी
बढ़ा चला आ रहा है, वह
सामने वाले ढाबे का मालिक है।

वह करीब आता है और
अपनी बनियान को थोड़ा ऊपर खिसकाकर
अपने हाथ से पेट को सहलाकर
गन्दी निगाह उस औरत पर डालता है और
फिर एक भुट्टा उठाकर उसे चबाते हुए
ग़ायब हो जाता है।

तीस के पार की वह औरत
थोड़ी मोटी है और उसका रंग
साँवला है।
वह औरत, जो अपने दायें हाथ से लगातार
पंखा झलकर आग को
सुलगाए रखना चाह रही है
वह जानती है, अगर बराबर सुलगती रही आग, तो
सिंकता रहेगा भुट्टा और
जलता रहेगा उसका चूल्हा।

वह औरत, जिसकी रात के नौ चालीस पर ट्रेन है
साढ़े आठ बजे समेटने लगती है
अपनी दुकान और
रात के दस पैंतीस पर पहुँचकर अपने घर
चढ़ा देती है अपने चूल्हे पर
दाल का टोकना।

आज से तीन महीने पहले या फिर
इससे पहले कभी भी नहीं देखी गयी है इस तरह
सड़क किनारे बैठकर, आग सुलगाती और
भुट्टे को आग पर पलटती
वह औरत
लेकिन वह औरत कहती है कि
बहुत ही पुराना नाता है उसका
इस मोहल्ले से।
वह औरत कहती है, पिछले बीस वर्षों से
इन्हीं कोठियों में काम करती रही है वह
जब दस वर्ष की थी, तब
अपनी माँ के साथ आती थी वह और
बहुत दिनों तक तो उस घर में
दूर बैठी बस माँ को काम करते देखती थी वह।

वह औरत कहती है,
इन कोठियों के हर एक घर के लोग
जानते हैं मुझे और
ख़ूब प्यार करते हैं मुझसे।
वह औरत कहती है,
इस मोहल्ले के हर दस-बारह वर्ष के बच्चे को
खिलाया है मैंने अपनी गोद में
और क्या कहूँ साहब
यहाँ जब भी मैं आती थी

मुझे लगता था जैसे मैं अपने
नैहर आ गयी हूँ।

लेकिन आज जब परिवार बड़ा हुआ और
पति ने शुरू कर दिया है ख़ूब दारू पीना, तब
कम होने लगी चूल्हे में आग और
दाल में नमक, तब
अपनी तेरह बरस की बेटी को देकर कोठियों का अपना काम
पिछले तीन महीने से उसने शुरू कर दिया
इन्हीं कोठियों के मुख्य दरवाज़े के बाहर
भुट्टे को सेंकना, धीमी आँच पर।

औरत कहती है
जब ज़िन्दगी निकाल दी
इन कोठियों में काम करते, तब क्या
भुट्टा बेचने कोई और ठौर जाऊँगी?

पिछले तीन महीने से ख़ूब बिक रहे हैं उसके भुट्टे और
खिल रही है उसके चेहरे पर मुस्कान, लेकिन
पिछले तीन महीने से कोई भी भुट्टा
नहीं फलाँग पाया है इस मुख्य दरवाज़े के लोहे का फाटक और
न ही धीमी आँच पर पके
भुट्टे की लाली ही खींच पायी है
फाटक के इस तरफ़ कोई कोमल हाथ।

उसकी पथरायी आँखें अब भी इन्तज़ार कर रही हैं।

वे, उनके परिवार और ढेर सारे जोंक

वे गाँव,
जो पूरी तरह बाढ़ में डूब चुके हैं
और जिनके परिवार बाँध पर
खुले आसमान में, तेज़ बारिश में भीगने को
मजबूर हैं, उनके पास आप जब
देश की स्वाधीनता के साठ वर्ष पूरे होन पर
पूछने जाएँगे यह सवाल कि
आज़ादी का क्या मतलब निकालते हें वे, तब
वे सबसे पहले आपकी ओर
कातर निगाहों से देखेंगे और
यह समझने की कोशिश करेंगे कि
क्या सचमुच आप नहीं देने आये हैं उन्हें
खाने के पैकेट्स।
वे आपके झोले में बन्द आपके कैमरे और रिकार्डर में
रोटी की सौंधी ख़ुशबू को
महसूस करना चाहेंगे, और फिर
हारकर वे नीले आसमान की ओर अपनी नज़रों को
उठा लेंगे।

और फिर आपको दिखेंगे
वे, उनके परिवार,
दूर-दूर तक पानी और ढेर सारे जोंक।

अगर आप उनमें किसी एक से यह कहेंगे कि
उसका फोटो कल अख़बार में छप जाएगा
और वह अचानक घोषित कर दिया जाएगा— नायक
बाढ़ का नायक।
तब भी वह नहीं ललचाएगा।

ये परिवार उन हज़ारों गाँवों में से एक के हैं
जहाँ ज़िन्दगी थम-सी गयी है
और जिन्हें हर साल गुज़ारने पड़ते हैं
ज़िन्दगी के दो महीने इसी बाँध पर
ये परिवार उन करोड़ों लोगों में से एक है
जिनकी स्मृति उन्हें हर बार
धोखा देती है।
वे हर बार जब लग जाते हैं पंक्ति में
चुनने के लिए अपना प्रतिनिधि, तब
अचानक से गुम हो जाता है उनकी
आँखों से बाढ़ का वह मंज़र
और वे चुन लेते हैं एक प्रतिनिधि
जिसने उन्हें कल रात दिया था
पचास रुपये का एक नोट और ठर्रे की एक बोतल।

वह ताकता रहेगा आसमान की ओर और
आप यह सोचते रहेंगे कि सोच रहा है वह
कि क्या हैं मायने उनके लिए
आज़ादी के।
इस बीच आप देख सकेंगे चुकुमुकु बैठने का
उसका अन्दाज़ और
गले में उभर आयी उसकी नसों की रेखा।
लेकिन बहुत देर बाद जब वह नीची करेगा
अपनी नज़र, तब वह कोई उत्तर दिये बग़ैर
देखने लगेगा आपको।

एकटक, भौचक।

अगर आप पड़ जाएँगे, उसके पीछे
और लगाना चाहेंगे, अपने चैनल या फिर
अपने अख़बार में निश्चित ही
उसकी एक बाइट
तब वह झुँझलाकर अचानक कह देगा
आज़ादी मेरा ठेंगा।
और फिर आप लगाते रह जाएँगे
बाढ़ पर विशेष सामग्री।

वे भूखे हैं, इसलिए
मर गयी हैं उनकी इच्छाएँ
धीमी पड़ गयी हैं उनकी धमनियों में
रक्त के संचार की गति
और मिट गया है जीभ के सभी हिस्सों का स्वाद
लेकिन अगर आपके मन में यह आएगा कि
कम पड़ गयी है उनकी हिम्मत और
जिजीविषा, तब कोई एक अचानक
आपके सामने ही झाड़ से निकलने वाले
ढाई हाथ के उस करैत साँप को
मार देगा
सिर्फ़ एक वार में।

अगर आप चाहते हैं, आज़ादी पर उनकी राय
और चाहते हैं अपने अख़बार और चैनल के लिए कुछ
विशेष सामग्री, तब
ले जाना होगा आपको अपने झोले में
कैमरे और रिकार्डर के साथ
गिनती की कुछ रोटियाँ और गुड़ के कुछ टुकड़े

और तब फिर वे बताएँगे आपको
आज़ादी और विकास के ऐसे-ऐसे अर्थ
जिसे सुनकर थर-थर काँपने लगेंगे आपके पैर और
बन्द कर देंगे आप अपना रिकार्डर।

वे लड़कियाँ

वे लड़कियाँ
जिन्होंने दूसरे के घरों में काम करने में
निकाल दी हैं
अपनी जवानी
अभी बची हुई है मौसम में उनके
हिस्से की धूप।

वे लड़कियाँ
जिन्होंने अपने मालिक के बच्चों को
घुमाने में, निकाल दी हैं शामें
अभी बची हुई हैं आसमान में उनके
हिस्से की सूरज की लाली।

वे लड़कियाँ
जो दिन रात घुसी रही हैं, तवे पर रोटियाँ घुमाती
रसोई घर में, ख़ामोश
अभी बचे हुए हैं धरती के भीतर
उनके हिस्से के शब्द।

लेकिन लड़कियाँ संचयी होती हैं
अब सिर्फ़ इतना कहने से नहीं चलेगा।
क्योंकि क्या पता लड़कियाँ इन्तज़ार कर रही हों।
किसी एक सटीक वक़्त का।

विदाई

पिता कहते हैं,
फूल है मेरी बेटी, जिसे
अब आपको सौंप रहा हूँ।

जिस गाड़ी से दुल्हन
विदा हो रही है, वह भी
चटक फूलों से सजी है।
सजाते वक़्त जो फूल
कली थे वे भी अब
खिलकर हवाओं से बातें करने लगे हैं।

गाड़ी जितनी तेज़ दौड़ती है
उतनी ही तेज़ दौड़ती, पति की इच्छाएँ
साथ बैठे फूल को सूँघने की।
तेज़ हवाओं में उतने ही लहलहाते हैं फूल
और उतनी ही हिचकोले खाती है
लम्बा घूँघट काढ़े
सकुचायी साथ बैठी दुल्हन।

पति महसूस करता है
मुलायम त्वचा की गुदगुदी
दुल्हन सोचती है
अगर गाड़ी का शीशा थोड़ा खुले तो
कुछ ताज़ी हवा अन्दर आये
और कुछ घुटन कम हो।

शहंशाह की नींद

(जब सद्दाम हुसैन को फाँसी दी जा रही थी तब बुश सो रहे थे)

जब पूरी दुनिया
पाप और पुण्य के बीच
न्याय और अन्याय के बीच
धूमिल पड़ती जा रही विभेदक रेखा को
ढूँढ़ने की एक असफल कोशिश में लगी हुई थी, और
जब भारत का वह एक अदना-सा आदमी
बगैर कोई समाचार सुने उस दिन भी
अपने सूखे पड़ चुके खेत पर बैठ
आसमान की ओर निहारने के लिए घर से निकल चुका था,
...कहते हैं तब शहंशाह सो रहे थे।

कहते हैं जब शहंशाह सो रहे थे, तब
सोने से पहले उनका निर्देश था कि
यदि दुनिया ठीक वैसी ही चलती रहे, जैसा
उन्होंने उसे चलने के लिए छोड़ दिया है
और हवाएँ ठीक वैसे ही पूर्व से पश्चिम की ओर, बहती रहें
तब उन्हें नींद से न जगाया जाए।
जब तक वह भूखा आदमी
खींचता रहे रिक्शा
जब तक वह बेकसूर झेलते-झेलते प्रहार
मान न ले अपने को कुसूरवार
और जब तक उनके शयनकक्ष के टेलीविज़न सेट पर,

दिखने वाले ढेरों मामूली आदमियों की
गिनी जा सके हड्डियाँ
तब तक शहंशाह को नींद से न जगाया जाए।
और उस दिन, उस पल
शहंशाह को जगाया नहीं गया, क्योंकि
दुनिया ठीक वैसे ही चलती रही
हवाएँ ठीक उसी दिशा में बहती रहीं, और
हम और आप ठीक वैसे ही हर दिन की तरह
सिर्फ़ बने रहे तमाशबीन,
और शहंशाह सोते रहे।
शहंशाह की यह नींद
उस पल, उस दिन, इस महीने, इस वर्ष की नहीं
इस सदी की सबसे सुकून भरी नींद है।

इस सुकून के पीछे है, एक शोर!
और शोर को शान्त करने की एक, अजूबा तरकीब।
इस सुकून के पीछे हैं, कई कराहें
क़ब्र और ढेर सारी चुप्पियाँ।

लेकिन शहंशाह की यह सुकून भरी नींद, इतनी गाढ़ी नहीं है कि
इसकी तुलना की जा सके, बिल्कुल चलताऊ मुहावरे में,
रामायण के उस अदने से पात्र कुम्भकर्ण की नींद से
जिन्हें जगाने के लिए बजाये जाएँ,
ढेर सारे ढोल और नगाड़े।
शहंशाह की यह नींद इतनी भी गाढ़ी नहीं है कि, इसे
कहा जाए अर्धवार्षिक
और न ही इतनी गाढ़ी कि
इस नये ज़माने की यह एक मिसाल ही बनकर उभरे।

शहंशाह की इस नींद को तोड़ा जा सकता है,
महज़ हवा की एक सरसराहट से,

हवा की वह सरसराहट
जो उनके शरीर को छू भर जाए और
उस दिन सिर्फ़ उसका रुख पूर्व से पश्चिम की ओर न हो।

शहंशाह की इस नींद को तोड़ा जा सकता है,
महज एक छोटे से कंकड़ की उछाल से,
जो गिरे जाकर सीधे शहंशाह की नींद में।

अब यह जितना
सभ्यता और संस्कृतियों के टकराहट का समय नहीं है
उससे अधिक है यह नींदों के टकराव का।

टैक्सास के उस अरामगाह में
सोते रहेंगे जब तक शहंशाह, और जब तक
बने रहेंगे हम शहंशाह की नींद के पहरेदार, और
जब तक करते रहेंगे हम,
उनके नींद से जगने की प्रतीक्षा
तब तक छीजती रहेगी
बूँद-बूँद कर हमारी मानवता
और तब तक ढूँढ़ते रहेंगे हम वह फूल
जिसमें वही रंग और वही ख़ुशबू हो,
जो उसकी अपनी है।

शारीरिक अपंगता से बढ़कर

आज मैं एक अपाहिज का साथ
चाहता हूँ
जो हर पल
मुझे यह अहसास कराता रहे कि
वह अपनी बैसाखी के बल पर भी
मुझसे अधिक कर्तव्यनिष्ठ है।
आज मैं एक नेत्रहीन का साथ
चाहता हूँ
जो हर पल
मुझे यह महसूस कराता रहे कि
उसका न देख पाना
मेरे इस सजग नेत्रों से देखकर
अनदेखा कर जाने से
बेहतर है—
आज मैं उस एक बधिर का साथ
चाहता हूँ
जो हर पल
मुझे यह आभास कराता रहे कि
क्या मैंने अपने
कर्तव्यों का आदेश सुनकर
अनसुना नहीं किया?
आज मैं उन सारे शारीरिक रूप से अपंगों का साथ
चाहता हूँ

ताकि
मैं देख सकूँ कि
मेरे कमज़ोर पड़ने की आदत या
कर्तव्य से डिगने की आदत मुझे
उससे भी और अधिक
पंगु नहीं बना गयी है।

शार्टकट

इस ऑफ़िस में उसे आये अभी
एक हफ़्ता भी नहीं हुआ था, कि
एक दिन उसने लंच आवर में, अपने सहकर्मियों के बीच
एकदम यह घोषित कर दिया कि
पैसा कमाना उसकी ज़िन्दगी का मूल उद्‌देश्य नहीं है।
टीवी, फ्रिज, कार और बँगला को उसने
सांसारिकता की संज्ञा दी और
विलासिता सम्बन्धी इन सारे सुखों से
अपने को बिल्कुल दूर रखते हुए
'सन्तन को कहाँ सीकरी सो काम' जैसी पंक्तियों का उद्धरण देते हुए
बहुत कुछ मसीहाई अन्दाज़ में,
जीवन का मूल उद्‌देश्य शान्ति की तलाश बतलाया।

वह शान्ति जिसकी खोज में ऋषि-मुनियों को वर्षों
जंगल में तप और साधना करनी पड़ी थी।

तब उसके सहकर्मियों ने उसे एक नम्बर का
लफ़्फ़ाज़ और फेंकू घोषित कर दिया, और
साथ गप्प लड़ाने और खाना खाने से अपने को परहेज करने लगे।
उन्होंने माना यह कोई सतयुग थोड़े ही है।
मगर यह महज़ एक लफ़्फ़ाज़ी नहीं थी।
उसके इस सूफ़ियाने अन्दाज़ में शत-प्रतिशत सच्चाई थी।

इस सच को सामने लाने में उसने ज़्यादा वक़्त भी नहीं लिया।
जल्द ही अपने कठिन सिद्धान्त पर चलकर वह
उस ऑफ़िस में ईमानदारी की
एक मिसाल बनकर उभरा
कलयुग में सतयुग के एक सन्त की माफिक।
शक़ और शुबहा काफ़ूर हो गये
और सभी सहकर्मियों का वह प्रिय हो उठा
एक आदर्श रूप
कर्मचारियों ने उसमें अपना तारनहार का रूप देखा
और अपने यूनियन का अध्यक्ष उसे चुन लिया
अध्यक्ष के पद को उसने
लोगों का उस पर विश्वास और अपनी ज़िम्मेदारी समझा और
इस विश्वास को बनाए रखने के लिए उसने
दिन-रात एक कर दिया।
लेकिन उसकी यह ईमानदारी और कर्तव्यनिष्ठा
यहाँ उसके आड़े आयी और
पहले अध्यक्ष पद से और बाद में
उस संस्था से उसे निष्कासित कर दिया गया।

उसने इसे लोकतन्त्र की हत्या कहा
वह लोकतन्त्र जो हमारे देश में है
और हमारे गाँव में भी है।
लोकतन्त्र की रक्षा का वीरा उसने अपने कन्धे पर उठाया, और
लोकतन्त्र की रक्षा के लिए अपने को
राजनीति में झोंक दिया।

उसने यह दावा किया कि
मनुष्य में यदि मनुष्यता बचाए रखनी है
और इराक में बचाए रखना है इराक
तो लोकतन्त्र की रक्षा आवश्यक है।

फिर उसने यह घोषणा की कि
लोकतन्त्र की रक्षा बगैर सक्रिय राजनीति के सम्भव नहीं है।

इस सक्रिय राजनीति ने उसे
समाज-सेवा के कई मौक़े दिये।
और दी अपनी पहचान
और आत्म-सन्तुष्टि
और इस फ़िज़ाँ को ज़हरीला होने से बचाए रखने की तृप्ति
और दिया एक टिकट
एक मन्त्री की कुर्सी
और फिर दिया बड़े पैमाने पर
समाज-सेवा का बेइन्तहा अवसर।

तब उसे अपने पिछले बीते दिन याद आये
और तब उसने एक बार फिर अपने समर्थकों के बीच घोषित किया
सांसारिकता भी ऐसी कोई बुरी चीज़ नहीं है
सांसारिकता से कौन बचा रह पाया है भला
अपने को मनुष्य बनाये रखने के लिए
सांसारिक होना आवश्यक है
और वह मनुष्य ही है जो समाज का संस्कार कर सकता है।

उसके लिए यह कुर्सी वट-वृक्ष साबित हुआ
जिसकी छाया में उसे ज्ञान की प्राप्ति हुई।

सामान्य ही तो है

कितना सामान्य है सब
कुछ भी तो नहीं बदला
सामान्य ही तो है जीवन
मैं और तुम, दोनों सामान्य हैं।
सामान्य ही तो है
यह दुनिया
सामान्य ही तो है
यह दिन का ढलना
सामान्य ही तो है
यह उठना, बैठना, चलना
हँसना, मुस्कराना
सब सामान्य ही तो है
कोई परिवर्तन नहीं किया
मैंने इसमें
मैंने नहीं बदला
दुनिया को,
ढलने से नहीं रोका मैंने
दिन को,
न मैंने रोका
प्रकृति का परिवर्तन-चक्र
न ही मैंने रोका
चिड़ियों का चहचहाना
नदी का समुद्र से जा मिलने में भी मैं

कोई बाधा नहीं बना।

सब सामान्य ही तो है।

और दावा कर सकता हूँ
कि सब सामान्य रहेंगे भी
जबकि मेरे पाँव भी अब
ज़मीन पर ठीक से
खड़े नहीं हो पाते
मुझसे यह उम्मीद रखी भी कैसे जा सकती है
कि मैं इसमें कुछ बदलाव कर पाऊँगा।
दुनिया भी तो मैं
तब ही बदल सकता था—
जब तुम थी
प्रकाश था जीवन में।
सच कहूँ तो,
अब कोई 'दुनिया' ही नहीं है
जीवन में,
जिसे मैं बदल सकूँ।

सुजाता यह घर तुम्हारा नहीं था

याद करो तुम, सुजाता
आज से करीब पाँच वर्ष पहले का वह दिन जब तुमने पहली बार
खपरैल के अपने पुराने वाले घर से नये पक्के घर में प्रवेश किया था,
तब कितनी ख़ुश थी तुम।

तुमने सोचा था,
अब तुम्हें उस कच्ची रसोई से छुटकारा मिल गया
जहाँ बरसात में प्राय: हर रात तेलिया साँप निकल आता था
और तुम चीखती हुई माँ की गोद में दुबक जाती थी
और फिर पूरी रात रसोई की तरफ़ झाँकती भी नहीं थी।
तुमने सोचा,
अब तुम्हें उस सार्वजनिक आँगन से मुक्ति मिलेगी
जहाँ रोज तुम्हें ढेरों चाचा-चाचियों के ताने
इसलिए सुनने पड़ते थे क्योंकि तुम्हें संगीत से प्यार था
और तुम रोज़ सुबह नौ बजे और शाम पाँच बजे
विविध भारती ट्यून कर देती थी।

सुजाता, तुम्हें याद होगा आज भी वह पल, जब
इस मकान में तुमने पहला क़दम रखा था
कैसे ख़ुशी से चिहुक उठी थी तुम।
उस सामान से ख़ाली पड़े कमरे में जब तुमने
खुलकर एक बार आवाज़ लगायी थी, तब
तुम्हारी आवाज़ की गूँज में

इस बड़े-से आँगन के भय के मुक्ति का एक खुला अहसास था।
ऐसा लगा था जैसे अब
एम टीवी पर आने वाली उन्मुक्त लड़कियों और तुममें
महज फ़र्क़ ही कितना है।
तुमने कैम्पस में उतरकर जब लोहे के मुख्य फाटक को
खोला था तब तुम्हें लगा था जैसे
यह तुम्हारे घर का नहीं बल्कि नयी सदी का दरवाज़ा है, जिसे खोलकर तुमने
अपने हाथों एक पूरी सदी की जकड़न को दरका दिया है
और तुम्हारे भीतर स्वतन्त्रता का एक ज़बरदस्त उबाल उठा था।

दीवार पर सीमेंट से उकेरे गये अपने पिता के नाम को देखकर
कितना गौरव महसूस हुआ था तुम्हें याद होगा आज भी,
तुमने सीमेंट से उकेरे गये उन शब्दों पर अपनी उँगलियाँ घुमायी थीं
और तब तुमने उस घर से और अपने घरवालों से
एक अटूट रिश्ता महसूस किया था।

कितनी ख़ुश थी तुम
ख़ुशी का कारण भी था,
तुम्हारा यह घर बिल्कुल तुम्हारा था
और उससे भी ख़ुशी की बात यह थी कि
इस तुम्हारे घर में तुम्हारा अपना एक कमरा था
शायद जीवन में प्रथम बार जिसे तुम
बिल्कुल अपना कह सकती थी।
तुम्हें याद होगा, सुजाता
तुमने अपने कमरे को एकदम अपने ढंग से सजाया था
तुमने उसमें टीवी रखा था और पसन्द का पलंग और पर्दा।
'लगान' का वह बड़ा-सा पोस्टर भी तुम्हें याद होगा जो
तुमने अपने कमरे की दीवार पर चिपका रखा था।
कितना पसन्द था तुम्हें आमिर ख़ान।

इस घर से तुम्हें बेहद प्यार था।
पिछले पाँच वर्षों से तुमने इसे ऐसे सजाकर रखा था जैसे
अभी-अभी यह शोरूम से निकला हो।
अभी पिछले दिनों की बात भी याद होगी तुम्हें सुजाता
शादी के ठीक चार दिन पहले
जब किवाड़ का पेंट हो रहा था तब तुम
उस व्यस्त माहौल में भी कितनी सचेत थी कि
कलर की एक बूँद भी फर्श पर गिरने न पाये।
तुम हर दरवाज़े के नीचे एक पेपर बिछाने के लिए बेचैन रहती थी।
और अगर एक बूँद भी कहीं गिर जाए तो तुम उसे
शाम को मिट्टी तेल से रगड़-रगड़ कर छुड़ाती थी।

तुम इस घर में एक छोटा-सा दाग भी कहाँ बर्दाश्त कर पाती थी।

लेकिन उसी घर के आँगन में मड़वा में बिठाकर,
तुम्हारी शादी कर दी गयी
और सिर्फ़ एक रात में तुम पराई हो गयी।

तब तुम्हें अचानक लगा कि
रजला वाली चाची तुम्हें घर को सजाते देख ठीक कहती थी कि
'बेटी तो एक पक्षी है जिसे एक दिन फुर्र से उड़ जाना है'

अब यह घर तुम्हारा नहीं रहा,
और न ही तुम्हारा अपना यह कमरा अब अपना रहा
तुम अब 'लगान' के उस बड़े पोस्टर के बारे में भी
नहीं सोच पाओगी कि उसका क्या होगा?

कल तुम विदा होकर चली भी गयी सुजाता
अपने पति के घर
जहाँ सुना है कि तुम्हें एक बार फिर, कच्चे घर में ही रहना है।
पर सोचो अगर वहाँ की रसोई में भी तेलिया साँप निकल आया

तब तुम्हें वहाँ दुबकने के लिए माँ की गोद कहाँ मिलेगी?

मैंने देखा था, जाते वक़्त तुम बहुत रो रही थी
अपने घर के छूटने का दुख और नये घर में
नये जीवन की शुरुआत का डर तुम्हारे पास एक साथ था।
तुम इतनी रो रही थी कि तुम्हें कुछ भी सुध नहीं थी, लेकिन
मैंने यह भी देखा था उसके सुध और बेसुध के बीच भी तुमने
फ़र्श पर पड़े चाय के दाग को अपने भीतर तक महसूस किया था,
पर शायद तब तुम विवश थी।
पर मैं जानता हूँ, आज जबकि तुम ससुराल में हो
तुम्हारे मस्तिष्क में वह चाय का दाग़ अब भी घूम रहा होगा।

सुजाता तुममें अब कितनी बची रह पायी है सुजाता

मुझे याद है सुजाता,
आज भी तुम्हारे वे छोटे-छोटे सपने, जिन्हें लेकर
तुम उस बड़े से आँगन में यहाँ-वहाँ फुदकती थी और
जिससे मैं डरता था।
तुम्हारा वह गुलाबी फ्रॉक
अब भी याद होगा तुम्हें, जिसे पहनते हुए
तुम जवान हुई थी
तुम्हारी टाँगे मांसल हो गयीं थीं
तुम्हारे स्तन भर आये थे और तुम्हारे चेहरे पर
हया की एक पतली रेखा खिंच आयी थी।

तुम्हें पता था या नहीं सुजाता, लेकिन
तुम्हारे शरीर ने तुम्हारे अन्दर
जितनी चुहल पैदा कर दी थी ठीक उतनी ही मात्रा में
छीन ली थी नींद तुम्हारे पिता की आँखों से।
तब तुम एक खूँटे की तरह
धँस गयी थी, अपने पिता की आँखों में।

यूँ एकदम बचपन में ही तुमने यह जान लिया था कि
यह घर, जिसके बड़े से आँगन में तुमने
अपने लिए एक झूला डाल रखा था, और
जिस पर झूलते हुए अपनी पायल की रुनझुन से
समूचे घर को महका रखा था,

एक दिन तुम्हारे लिए पराया हो जाएगा और
एक राजकुमार तुम्हारी ज़िन्दगी में आएगा, जो
तुम्हें यहाँ से उड़ाकर चाँद के उस पार ले जाएगा।

तुम्हारे भीतर एकदम शुरुआत से ही जितना गम
इस घर के छूटने का था, उतना ही रोमांच
तुम्हें उस राजकुमार के साथ
चाँद के उस पार जाने का भी था।

मुझे आज भी याद है सुजाता
वह ब्लैक एंड व्हाइट टेलीविज़न, जिसे तुमने
अपे कमरे में रख रखा था, और जिस पर
तुम देखा करती थीं शुक्रवार और शनिवार को देर रात तक जागकर
सुपरहिट फ़िल्में।
मुझे मालूम थी तब भी,
तुम्हारे मन के भीतर की वह कसक, जो तुम्हारे अन्दर
उस श्वेत-श्याम तस्वीर को देखकर उठती थी।

तुम्हें सबसे अधिक पसन्द थी माधुरी दीक्षित
और उसी श्वेत-श्याम टेलीविज़न पर तुमने
बीसियों फ़िल्में देख रखीं थीं माधुरी दीक्षित की
लेकिन तुम्हारे भीतर एक ख़्वाब पल रहा था
माधुरी को रंगीन देखने का
तुम्हें लगता था, यह सब बस कुछ ही दिनों की बात है
फिर तुम्हारी शादी एक बड़े घर में होगी
और तुम्हारा राजकुमार तुम्हारी हर इच्छा
पूरी करेगा और तब एक बड़ा कलर टेलीविज़न
तुम्हारा अपना होगा
जिसमें तुम देख सकोगी माधुरी दीक्षित की चुनरी के
असली रंग को।

अपने मन में ज्यों-ज्यों तैयार कर रही थी तुम
शादी के लिए ख़ुद को
तुमने सीख लिया था इतराना अपनी माँ पर।
तुमने शुरू कर दिया था कहना
तुम दो या नहीं कान में सोने के झुमके
चाहे नहीं लगाने दो तुम कमरे में माधुरी दीक्षित का बड़ा-सा पोस्टर
या फिर तुम नहीं दो सहेलियों के साथ
सिनेमा हॉल जाने की इजाज़त
अब वह वक़्त बहुत जल्द आने वाला है, जब
लाकर देगा वह नौलखा हार और
लेकर जाएगा अपने साथ
सोनपुर का मेला।

मुझे अब भी याद है सुजाता, जब
तुम्हारी शादी तय हुई थी, तब तुम
इस बात को लेकर चिहुक उठी थी कि वह
राजधानी एक्सप्रेस में मैस मैनेजर है।
तुमने इतरा कर कहा भी था कि,
अब तो लगा ही रहेगा तुम्हारा
दिल्ली का आना-जाना और अब
तुम देख पाओगी कुतुबमीनार और
तुम्हारे कपड़े आएँगे, चाँदनी चौक से।

शादी के बाद जब तुम्हारा पति, दुबारा
काम पर गया ही नहीं और कभी
चर्चा ही नहीं की उसने राजधानी क्या
किसी भी एक्सप्रेस की, तब तुम्हें
शुरुआत में ऐसा महसूस हुआ था कि तुम्हारे प्यार ने
बाँध रखा है उसको

लेकिन धीरे-धीरे तुमने जान लिया था
सारा सच।

तब एकबारगी टूट गये थे तुम्हारे सारे सपने
और ख़त्म हो गयी थी तुम्हारे अन्दर की सारी
मिठास।

मैं तब ही जान गया था सुजाता
कि वहाँ कलर टेलीविज़न तो छोड़
कोई श्वेत-श्याम टेलीविज़न भी नहीं था
न ही थी उस घर में बिजली और
न ही तुम्हें मिली उस घर में झूला डालने की जगह।
न ही तुम्हें मिले सोने के झुमके
और न ही सिनेमा हॉल जाने की इजाज़त।
तुम्हें कुछ पता नहीं चल पाया कि
माधुरी दीक्षित के बाद क्या हुआ फ़िल्मी दुनिया का और
कौन-सी हिरोइनें सफल हो गयी उसके बाद।
तुम्हारी पायल बजी तब सिर्फ़ और सिर्फ़
आँगन के एक किनारे बने चूल्हे के इर्द-गिर्द या फिर
उस छोटे से दरवाज़े के भीतर जहाँ तुम्हारे साथ होता था
तुम्हारे सपनों का राजकुमार।

आज सात वर्ष बाद जब तुम्हें देख रहा हूँ
तब तुम्हारी उम्र तेईस वर्ष की हो चुकी है और
तुम्हारे तीन बच्चे हैं
मुरझा गयी है तुम्हारे चेहरे की लाली
पिचक गये हैं तुम्हारे दोनों गाल
और झूल गये हैं तुम्हारे दोनों स्तन।

आज तुम्हें देखकर सबसे पहले मेरा मन
जो कह रहा है वह है कि

तुम्हें समाने घंटों बैठाकर यह बताऊँ कि
कौन हैं माधुरी दीक्षित के बाद
फ़िल्म इंडस्ट्री की सफल नायिकाएँ
और किन नायिकाओं का है अब बोलबाला।
चाहता हूँ
ले जाऊँ तुम्हें आम के बड़े से बगीचे में और
डाल दूँ वहाँ एक बड़ा-सा झूला
और कह दूँ कि खोल दो अपने को
जितना खोल सकती हो।
लेकिन सोचता हूँ क्या तुम्हारे अन्दर सचमुच
अब बची रह पायी होगी इन बातों में
कोई रुचि?

क्या तुम सचमुच अपने बच्चों और
अपने घर से अलग
बची रह पायी हो कुछ?
क्या सचमुच, तुममें अब कुछ
बची रह पायी है सुजाता?

साँकल

मेरे दरवाज़े पर
वह एक जो साँकल है
बड़ी ही मनहूस है।
जब भी वह बजती है
मेरी माँ चौंक जाती है
और पिता छिपने की जगह तलाशने लगते हैं।
और मुझे एक बार फिर
झूठ बोलने के लिए तैयार होना होता है।
घर में छिपे हुए पिता के बारे में
कहना पड़ता है— ''वे अभी तो नहीं हैं।''
और उस लेनदार की कड़ी आँखों की ज्वाला
मुझे अपने ऊपर सहनी होती है।

मैं अब वह गाँव की पाठशाला नहीं
जाना चाहता हूँ जहाँ
शिक्षक हमें झूठ नहीं बोलने को
सिखाते हैं।
मैं चाहता हूँ बढ़ई का हुनर सीखना
ताकि एक दिन
उस मनहूस साँकल को ही हटा सकूँ।

हवेली का सच

वह हवेली, जितनी पुरानी थी
उससे अधिक पुरानी थी उसकी स्मृतियाँ।
उसके पुरखे राजा थे, यह
वहाँ के लोगों की स्मृतियों में बसी थी।
अब जबकि राजतन्त्र नहीं रहा
वह हवेली अब भी राजभवन है
और उसमें रहनेवाले राजा।

उस हवेली के दो मुख्य दरवाज़े थे
और दोनों दरवाज़ों के दोनों ओर
एक-एक शेर था।
उन शेरों के जबड़े खुले थे,
और जीभ के चारों ओर
गिने जा सकते थे उनके दाँत
दो दरवाज़ों के दोनों ओर दो शेर
मतलब चार शेर और चार जबड़े
उन चार जबड़ों के भीतर थे कई दाँत।

उस राजा के पास अभी भी थे
दो हाथी, और दो मोर।
वे हाथी चिंघाड़ते नहीं थे, लेकिन
मोर कभी-कभी अपने पंख फैलाकर
नाचने की कोशिश करते थे।

हम यह निरे बचपन से देखते आ रहे थे कि
ठीक दुर्गापूजा के दिन, जो
जात्रा निकलता था, उसमें इस्तेमाल होते थे
ये हाथी।
ढोल नगाड़े के साथ
ठीक दोनों हाथियों के पीछे वाले रथ पर बैठते थे राजा
अपने पुरखों की तलवार के साथ।
पुरखों की वह तलवार कभी
इस्तेमाल हुई या नहीं, बगैर यह जाने
हम यह मानते थे कि अगर उसे बाहर
निकाला जाए, तो उसके साथ ही निकलेगी
इतिहास में दबी हुई कई चीत्कारें
और ख़ून के कई छींटे।
हमारे स्कूल के रास्ते में थी वह हवेली
रहस्य और रोमांच से भरपूर।

बाबा नसीहत देते थे
उस हवेली की ओर नहीं देखने की
लेकिन हम अक़्सर देखते थे
उसकी मुँडेर पर दो कबूतर
जिसे लोग कहते थे, उस राजा की
दो बेटियाँ, जिसे उसने
जन्मते ही एक कमरे की ज़मीन में गाड़ दिया था, ऊबकर
जब उसकी पत्नी ने दो बेटियों को
जनने के बाद फिर से जुड़वा बेटियों को पैदा किया था।
हम तनिक ठहरकर
उन कबूतरों की शक्ल में ढूँढ़ने लगते थे
उन नहीं देखी हुई बेटियों की शक्लें।

उस पूरे गाँव की फ़रियाद
सुनता था वह राजा, अपने राजसी लिबास में।

कि किसने किसकी ज़मीन हड़प ली
कि किसके जानवर ने चर लिया खेत
कि किसने हाथ उठाया अपनी पत्नी पर
और किसने नहीं रखी अपनी बूढ़ी माँ की थाली में रोटियाँ
और ऐन निर्णय सुनाने से पहले
राजा चढ़ जाता था हाथी पर
और बैठ जाते थे फ़रियादी ज़मीन पर, ताकि
एक माहौल तैयार हो सके राजभवन का।

लेकिन सबसे बड़ा आश्चर्य यह था कि
लगभग बीस वर्ष पहले, जब
राजा ने दफ़नाया था अपनी बेटियों को
अपने घर के तहख़ाने में, तब से
किसी ने नहीं देखा था उसकी पत्नी को
जिसके बारे में दादी कहती थी
वह एक रूपसी थी, और
जो एक बुलबुल की तरह कैद हो गयी थी, उस पिंजरे में।

अपनी पत्नी को भी मार दिया राजा ने
ऐसा भी लोग सोच सकते थे, लेकिन
ऐसा सोचने में वे दोनों बेटे आड़े आते थे
जो जन्मे थे उसके बाद।
नौकरों को अन्दर प्रवेश का
अधिकार नहीं था।
लोग कहते थे महरी भी चुड़ैल थी
जो हवेली से बाहर आते नहीं दिखी किसी को आज तक।

आज जब मरी पड़ी है सबके सामने
राजा की वह पत्नी, तब
सबने देखे हैं उसके चेहरे और शरीर पर
मार के गहरे निशान

और एकबारगी उधड़ गये हैं, रहस्य के कई पर्दे।

मैं अन्दाज़ लगाना चाहता हूँ
हवेली की लम्बाई और चौड़ाई का।
आख़िर अन्त:स्थल का वह कौन-सा कोना था
जहाँ पीटता था राजा अपनी पत्नी को
और हम स्कूल जाते बच्चों को
उसकी चीत्कार भी सुनाई नहीं पड़ती थी।

हम सब घूमते हैं

चूँकि पूरी पृथ्वी घूमती है
इसलिए हमें लगता है कि
हम नहीं घूमते हैं।
लेकिन सच्चाई यह है कि
हम–आप
यह घर, अस्पताल, स्कूल
वह लाला की दुकान, जिससे
आज सुबह मैं ब्रेड लाया था,
दीवार पर लगा वह पोस्टर
सब घूमते हैं।
चूँकि सब घूमते हैं
इसलिए हमें लगता है कि
हम नहीं घूमते हैं।
लेकिन यदि
हमें छोड़कर सब घूमने लगें
तो हम खड़े नहीं रह पाएँगे
—हम गिर जाएँगे।

□□□

णाणं पयासयं

वीर नि.सं. 2470

भारतीय ज्ञानपीठ

ई.सन् 1944